全国中等职业学校
课程改革规划新教材

Qiche Dianqi Shebei Gouzao yu Chaizhuang
汽车电气设备构造与拆装

（第3版）

主　　编　税发莲　黄靖淋
副 主 编　秦政义　袁永东　姚秀驰
丛书总主审　朱　军

人民交通出版社股份有限公司
China Communications Press Co., Ltd.

内 容 提 要

本书是全国中等职业学校课程改革规划新教材之一,主要内容包括:汽车蓄电池结构与拆装、汽车发电机结构与拆装、汽车起动机结构与拆装、汽车点火系统结构与拆装、汽车照明信号系统结构与拆装、汽车仪表系统结构与拆装、汽车车身附属电气结构与拆装和汽车空调系统结构与拆装。

本书为中等职业学校汽车运用与维修专业的教材,也可供汽车维修技术人员参考阅读。

图书在版编目(CIP)数据

汽车电气设备构造与拆装/税发莲,黄靖淋主编.
—3版.—北京:人民交通出版社股份有限公司,
2019.7
　　ISBN 978-7-114-15410-2

Ⅰ.①汽…　Ⅱ.①税…②黄…　Ⅲ.①汽车—电气设备—构造—中等专业学校—教材②汽车—电气设备—装配(机械)—中等专业学校—教材　Ⅳ.①U463.6

中国版本图书馆CIP数据核字(2019)第052959号

书　　　名:	汽车电气设备构造与拆装(第3版)
著 作 者:	税发莲　黄靖淋
责任编辑:	戴慧莉
责任校对:	刘　芹
责任印制:	张　凯
出版发行:	人民交通出版社股份有限公司
地　　　址:	(100011)北京市朝阳区安定门外外馆斜街3号
网　　　址:	http://www.ccpress.com.cn
销售电话:	(010)59757973
总 经 销:	人民交通出版社股份有限公司发行部
经　　　销:	各地新华书店
印　　　刷:	北京市密东印刷有限公司
开　　　本:	787×1092　1/16
印　　　张:	9.5
字　　　数:	220千
版　　　次:	2011年3月　第1版 2013年8月　第2版 2019年7月　第3版
印　　　次:	2019年7月　第3版　第1次印刷　总第4次印刷
书　　　号:	ISBN 978-7-114-15410-2
定　　　价:	26.00元

(有印刷、装订质量问题的图书由本公司负责调换)

全国中等职业学校汽车运用与维修专业课程改革规划新教材编委会

(排名不分先后)

主　　　任：王永莲(四川交通运输职业学校)　　王德平[贵阳市交通(技工)学校]

副　主　任：韦生键(成都汽车职业技术学校)　　陈晓科(郴州工业交通学校)
　　　　　　张扬群(重庆市渝北职业教育中心)　　刘高全(四川科华高级技工学校)
　　　　　　蒋红梅(重庆立信职业教育中心)　　余波勇(郫县友爱职业技术学校)
　　　　　　姜雪茹(成都市工业职业技术学校)　　袁家武[贵阳市交通(技工)学校]
　　　　　　黄　轶(重庆巴南职业教育中心)　　徐　力(成都工程职业技术学校)
　　　　　　张穗宜(宜宾市工业职业技术学校)　　刘新江(四川交通运输职业学校)

委　　　员：柏令勇　杨二杰　黄仕利　雷小勇　钟　声　夏宇阳　陈　瑜　袁永东
　　　　　　雍朝康　黄靖琳　何陶华　胡竹娅　税发莲　张瑶瑶
　　　　　　盛　夏(四川交通运输职业学校)
　　　　　　谢可平　王　健　李学友　姚秀驰　王　建　汤　达
　　　　　　侯　勇[贵阳市交通(技工)学校]
　　　　　　王丛明　陈凯镔(成都市工业职业技术学校)
　　　　　　韩　超(成都工程职业技术学校)
　　　　　　向　阳　秦政义　曾重荣(成都汽车职业技术学校)
　　　　　　袁　亮　陈淑芬　李　磊(郴州工业交通学校)
　　　　　　向朝贵　丁　全(郫县友爱职业技术学校)
　　　　　　石光成　李朝东(重庆巴南职业教育中心)
　　　　　　唐守均(重庆市渝北职业教育中心)
　　　　　　夏　坤(重庆立信职业教育中心)
　　　　　　周　健　向　平(四川科华高级技工学校)
　　　　　　伍鸿平(宜宾市工业职业技术学校)

丛书总主审：朱　军
秘　　　书：戴慧莉

第3版前言

本套"全国中等职业学校课程改革规划新教材",自2010年首次出版以来,多次重印,被全国多所中等职业院校选为汽车运用与维修专业教学用书,受到了广大师生的好评。2012年根据教学需求,本套教材进行了修订,使之在结构和内容上与教学内容更加吻合,更注重对学生实践能力的培养。

为了体现现代职业教育理念,贴近汽车运用与维修专业实际教学目标,促进"教、学、做"更好地结合,突出对学生技能的培养,使之成为技能型人才,2018年8月,人民交通出版社股份有限公司吸收教材使用院校的意见和建议,组织相关教师,经过充分认真研究和讨论,确定了修订方案,再次对本套教材进行了修订。

《汽车电气设备构造与拆装》的修订工作,就是在本书第二版的基础上删减了一些工作原理和检修方面的复杂内容,强调电气元件结构以及拆装过程。每个任务都增添了更多实际操作内容及操作步骤和配图,使内容更加清晰可见,学生根据书上指导就可进行实践操作,指导性和可操作性都更完美。

本书由税发莲、黄靖淋担任主编,秦政义、袁永东、姚秀驰担任副主编。具体编写分工如下:黄靖淋编写学习任务一和学习任务二,以及统稿工作;税发莲编写学习任务三和学习任务七,以及统稿等工作;杨秀娟编写学习任务四和学习任务八;袁永东编写学习任务五和学习任务六。

限于编者水平,书中难免有疏漏和错误之处,恳请广大读者提出宝贵建议,以便进一步修改和完善。

全国中等职业学校汽车运用与维修
专业课程改革规划新教材编委会
2019年2月

目 录

学习任务一 汽车蓄电池结构与拆装 ………………………………………………… 1
学习任务二 汽车发电机结构与拆装 …………………………………………………… 12
学习任务三 汽车起动机结构与拆装 …………………………………………………… 22
学习任务四 汽车点火系统结构与拆装 ………………………………………………… 37
学习任务五 汽车照明信号系统结构与拆装 …………………………………………… 52
学习任务六 汽车仪表系统结构与拆装 ………………………………………………… 72
学习任务七 汽车车身附属电气结构与拆装 …………………………………………… 89
 子任务 1 电动座椅结构与拆装 ………………………………………………… 89
 子任务 2 电动刮水系统结构与拆装 …………………………………………… 100
 子任务 3 汽车电动车窗结构与拆装 …………………………………………… 112
学习任务八 汽车空调系统结构与拆装 ………………………………………………… 126
参考文献 ……………………………………………………………………………………… 144

学习任务一　汽车蓄电池结构与拆装

学习目标
1. 知识目标:(1)能够描述蓄电池的作用和结构;
　　　　　　(2)能够描述蓄电池的性能指标;
　　　　　　(3)能够描述蓄电池的型号。
2. 技能目标:(1)能够用万用表检查蓄电池端电压;
　　　　　　(2)能够正确使用工具对起动机进行拆装。
3. 职业素质目标:(1)培养学生安全操作意识;
　　　　　　　　(2)培养学生按照5S标准进行实践;
　　　　　　　　(3)培养学生团队协作和沟通能力。

任务描述

一辆丰田卡罗拉轿车,车主反映早上起来发动汽车时,只听到起动机带动发动机缓慢旋转,汽车不能起动。根据故障现象判断,可能是蓄电池亏电,已经不能满足汽车起动需要,需要更换蓄电池。你能完成这个任务吗?

基础知识

1. 电源系统概述

汽车上采用的电源主要有两个:一个是蓄电池(图1-1),另一个是发电机(图1-2)。

图1-1　蓄电池实物图

图1-2　交流发电机实物图

蓄电池是一种将化学能转变为电能的装置。用于汽车上的蓄电池不仅必须满足起动发动机的需要,即在短时间内为汽车起动机提供足够大的电流;同时,还能为汽车上其他用电设备提供电能。由于使用电解液不同,分为酸性蓄电池和碱性蓄电池。铅酸蓄电池结构简单,价格低廉,易于满足汽车电气设备用电的需要;同时其内阻小,起动性能好,因此在汽车上得到广泛应用。

2. 蓄电池

目前,轿车上使用的蓄电池主要有普通铅酸蓄电池和免维护蓄电池两种。

1)普通铅酸蓄电池的结构

铅酸蓄电池是在盛有稀硫酸的容器中插入两组极板而构成的电能储存器。容器一般分为6格,每格装有电解液,正负极板组浸入电解液中成为单格电池。每个单格电池充满电时的标称电压为2.1V,6格串联起来成为12.6V蓄电池。

铅酸蓄电池由极板、隔板、外壳、电解液等部分组成,如图1-3所示。

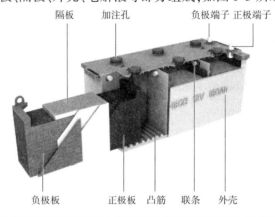

图1-3 蓄电池结构

(1)极板。

极板是蓄电池的基本部件,由它接受充入的电能和向外释放电能。极板分正极板和负极板两种。正极板上的活性物质是二氧化铅,棕红色;负极板上的活性物质是海绵状纯铅,青灰色。正、负极板上的活性物质分别填充在铅锑合金铸成的栅架上。

通过极板上活性物质与电解液中硫酸的化学反应,实现蓄电池在充电与放电过程中电能和化学能之间的相互转换。

(2)隔板。

为了避免正负极板相互接触而短路,正负极板之间采用绝缘的隔板隔开。隔板材料具有多孔性结构,以使电解液自由渗透,而且它的化学性能稳定,具有良好的耐酸性和抗氧化性。常见的隔板材料有木材、微孔橡胶、微孔塑料、玻璃纤维纸浆和玻璃丝棉等几类。

成形隔板的一面有特制的沟槽。安装时,应将带沟槽的一面竖直朝向正极板。

(3)电解液。

铅酸蓄电池的电解液由密度为1.84g/cm³的纯硫酸和蒸馏水配制而成,密度一般在1.24~1.31g/cm³,使用时根据当地最低气温或制造厂的要求进行选择。

(4)外壳。

蓄电池外壳为一整体式结构的容器,极板、隔板和电解液均装入外壳内。

(5)其他零部件。

①铅连接条如图1-4所示。

②加注孔盖如图1-5所示。

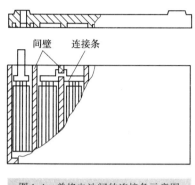 

图1-4　单格电池间的连接条示意图　　　图1-5　蓄电池加注孔盖

加注孔盖采用橡胶或塑料制成,旋在蓄电池盖的加注孔内。加注孔盖上设有通气孔,下端有特制的隔板,其作用是将通气孔与单格上面的空间部分地隔开,以防汽车颠簸时,电解液从通气孔溅出。

加注孔盖上的通气孔应经常保持畅通,有效排出蓄电池内部的 H_2 与 O_2,以防蓄电池过早损坏或爆炸。若在孔盖上安装一个过滤器,还可以避免水蒸气逸出,减少水的消耗。

2)免维护蓄电池

免维护铅蓄电池又称MF蓄电池,结构组成和普通蓄电池结构相同,主要是制造工艺上得到改善,外观上没有普通蓄电池的加液盖,如图1-6所示,免维护蓄电池主要有以下特点。

(1)使用中不需要加水。

传统蓄电池用铅锑合金制造,栅架上的锑会污染负极板上的海绵状纯铅,减弱了完全充电后蓄电池内的反电动势,造成水的过度分解,大量氧气和氢气分别从正负极板上逸出,使电解液减少,在使用过程中会发生减液现象。免维护蓄电池采用铅钙合金制造,用钙代替锑,并且采用袋式隔板将极板完全包住,从而改变完全充电后蓄电池的反电动势,减少过充电流,液体汽化速度减低,从而减低了电解液的损失。

图1-6　免维护蓄电池

免维护蓄电池因其在正常充电电压下,电解液仅产生少量的气体,极板有很强的抗过充电能力,而且具有内阻小、低温起动性能好等特点,因而在整个使用期间不需添加蒸馏水。

(2)起动性能好。

免维护蓄电池由于单格电池之间采用了穿壁式连接,缩短了电路的连接长度,减小了内阻,可以使连接条上的功率损失减少80%,放电电压提高0.15~0.4V,因此与普通蓄电池相比具有较好的起动性能。

(3)接线柱腐蚀较小。

免维护蓄电池设有新型安全通气装置,不仅能将酸气保留在单格电池内部,而且能够预防火花或火焰进入蓄电池;该种电池不但可以减少或避免由外部原因引起的蓄电池爆炸,而且能够保持蓄电池盖顶部的干燥,从而减少了接线柱的腐蚀,保证电气线路连接牢固可靠。

(4)自放电少,寿命长。

免维护蓄电池的正常使用寿命为4年,比普通蓄电池提高一倍。

3)铅酸蓄电池的型号

按原机械部《起动型铅蓄电池标准》(JB 2599—1985)规定,国产铅蓄电池的型号分为三部分,其排列及其含义如图1-7所示。

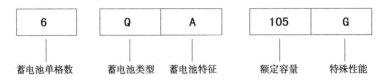

图1-7 蓄电池型号的含义

第1部分表示串联的单格电池数,用阿拉伯数字组成,其标准电压是这个数字的2倍。

第2部分表示蓄电池的类型和特征,见表1-1,用汉语拼音字母表示。其中前一部分字母表示蓄电池的类型,如"Q"表示起动型铅蓄电池;后一部分为蓄电池的特征代号,如"A"表示干荷式。

蓄电池的特征　　　　　　　　　　表1-1

特征代号	蓄电池特征	特征代号	蓄电池特征	特征代号	蓄电池特征
A	干电荷	J	胶体电解液	D	带液式
H	湿电荷	M	密闭式	Y	液密式
W	免维护	B	半密闭式	Q	气密式
S	少维护	F	防酸式	I	激活式

第3部分表示蓄电池的额定容量,单位为安培小时(A·h)。

此外,部分蓄电池在额定容量后面用一个字母表示其具有的特殊性能,如:Q——高起动率;S——塑料槽;D——低温起动性能好;G——薄型极板的高起动率电池。

例如,"6-QAW-100"表示由6个单格电池组成,额定容量为100A·h的起动型干荷式免维护蓄电池。

4)铅酸蓄电池的容量

(1)额定容量。

额定容量是指完全充足电的蓄电池,在电解液平均温度为25℃的情况下,以20h率放电的电流,连续放电至单格电压降为1.75V时所输出的电量。

例如,3-Q-90型蓄电池,在电解液平均温度为25℃的情况下,以4.5A放电电流连续放电20h后,单格电压降为1.75V,它的额定容量$Q=4.5 \times 20=90(A \cdot h)$。

(2)起动容量。

起动容量表示蓄电池接起动机时的供电能力,有常温和低温两种起动容量。

①常温起动容量。常温起动容量是指当电解液温度为 25℃ 时,以 5min 率放电的电流(3 倍额定容量电流)放电,放电持续时间 5min 以上,连续放电至规定的终止电压时输出的电量。

例如,3-Q-90 型蓄电池,在电解液平均温度为 25℃ 的情况下,以 270A 放电电流放电 5min 后,电池的端电压降为 4.5V,其起动容量 $Q = 270 \times 5/60 = 22.5(A \cdot h)$。

②低温起动容量。低温起动容量是指电解液温度为 -18℃ 时,以 3 倍额定容量电流放电,持续时间 2.5min 以上,连续放电至规定的终止电压时输出的电量。

基本技能

蓄电池维护与拆装的准备工作及实施步骤如下。

1. 准备工作

(1)防护装备:工作服、工作帽、手套、劳保鞋。
(2)车辆:台架、总成、整车。
(3)检测设备:万用表。
(4)手工工具:拆装工具一套。
(5)辅助材料:工作台、翼子板布和前格栅布、防护三件套、抹布、手套、白板笔等。
(6)在表 1-2 中填写本任务中要使用的主要工具,如图 1-8 所示。

工、量具名称及型号　　　　　　　　　　表 1-2

名　　称	型　　号

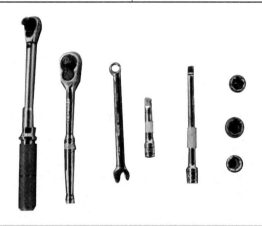

图 1-8　蓄电池拆装工具

2. 实施步骤

1) 蓄电池端电压测试

蓄电池端电压测试是车间用来判断蓄电池是否亏电的常用方法,一个充满电的蓄电池,理论电压为12.6V,夏天蓄电池放电超过50%就需要充电(即蓄电池电压低于12.2V需充电),冬天蓄电池放电超过25%就需要充电(即蓄电池电压低于12.4V需充电)。

测试步骤如下。

(1)检查蓄电池外观。如图1-9所示,检查蓄电池极桩处有无腐蚀;蓄电池有无电解液渗漏;摇晃蓄电池有无松动。发现异常应维修或更换。

警告:

在检查过程中,避免手接触到极桩的腐蚀物和渗漏的电解液。

(2)打开点火钥匙。

(3)打开前照灯或者鼓风机风速调到最大,工作30s左右。

(4)关闭点火钥匙,关闭汽车上所有用电设备。

(5)检查万用表,然后调至直流电压20V挡位。

(6)万用表红色表笔连接至蓄电池正极,黑色表笔连接至蓄电池负极,然后观察万用表的读数和记录数据。

理论电压:12.6V。夏天低于12.2V需充电,冬天低于12.4V需充电。如图1-10所示。

图1-9 检查蓄电池外观

图1-10 万用表检查蓄电池

2) 蓄电池的就车拆卸与安装

蓄电池从汽车上拆下前,应确认点火开关关闭。车辆信息登记见表1-3。蓄电池的就车拆卸与安装步骤如下(本拆装使用的车辆是别克威朗)。

车辆信息登记 表1-3

车辆信息	车辆识别代码	
	发动机型号	

(1)打开收音机并记录所有的客户预设电台。

(2)确保所有车灯和附件关闭,关闭点火开关,拆下点火钥匙。

(3)打开行李舱盖,移除行李舱地板地毯。

(4)打开右后车门,向前折叠后排座椅靠垫,以易于操作蓄电池。

(5)断开蓄电池负极电缆,如图1-11所示。

(6)松开蓄电池正极电缆螺母,如图1-12所示。

图1-11 断开蓄电池负极

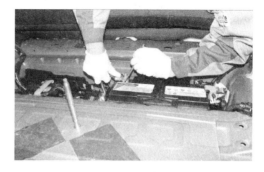

图1-12 断开蓄电池正极

(7)断开蓄电池至熔断丝盒电缆,从蓄电池上拆下蓄电池通风管。

(8)拆下蓄电池压板固定件螺母,如图1-13所示。

(9)移除蓄电池压板固定件,并使用拆卸工具拆下蓄电池。

注意:拆卸工具仅适用具有相同零件号和相同蓄电池特性(例如标称容量和开路电压)的蓄电池。

(10)使用工具安装蓄电池,先安装蓄电池压板固定件,再安装蓄电池压板固定件螺母并紧固至10N·m,如图1-14所示。

图1-13 拆下蓄电池压板固定件螺母

图1-14 紧固蓄电池压板固定件螺母

(11)将蓄电池通风管安装到蓄电池上,连接蓄电池至熔断丝盒电缆。

(12)将蓄电池正极电缆螺母紧固至4.5N·m,将蓄电池负极电缆连同蓄电池传感器一起安装到蓄电池上。将蓄电池负极电缆螺母紧固至4.5N·m,如图1-15所示。

(13)将后排座椅靠垫向后折叠至原位,关上右后车门。

(14)安装行李舱地板地毯,关闭行李舱盖。

(15)插入点火钥匙并将点火开关转至"ON(打开)"位置。

(16)对易失性存储器编程。

(17)安装完毕后整理、清理工量具,做好场地和车辆的清洁卫生,如图1-16所示。

图1-15 紧固蓄电池负极电缆螺母

图1-16 清洁后场地

 学习拓展

1. 免维护蓄电池的结构特点

为了提高铅蓄电池的使用寿命,改善其使用性能,免维护蓄电池的正极板栅架一般采用铅钙合金或低锑合金制造,而负极板栅架均用铅钙合金制造。为减小极板短路和活性物质脱落,其隔板大多采用超细玻璃纤维棉制作,或将其正极板装在袋式隔板内。

为了防止氧气、氢气垂直上溢,减小水分损失和活性物质脱落,极板组多采用紧装结构。为了缩短连接条的长度,减小内阻,提高蓄电池起动性能,各单格极板组之间采用穿壁式接法,露在密封式壳体外面的只有正、负极桩。

为了更有效地避免水分损失,在外壳上部通气孔设有安全装置——收集水蒸气和硫酸蒸气的集气室,待其冷却后变成液体重新流回电解液内。通气孔中装有催化剂,可使氢气与氧气合成为水蒸气,冷却后再返回电解液内。

为了便于检查电解液密度,了解存电情况,在其内部设有温度补偿式密度计。密度计的指示器可用不同颜色指示蓄电池的存电情况和电解液液面高度。电解液密度正常时,指示器显示绿色,表示蓄电池电充足;指示器显示深绿色,表示电解液密度低于标准值,应进行补充充电;指示器显示黄色,表示电解液液面过低,需添加蒸馏水。

此外,为防止杂质侵入和水分蒸发,采用了除极桩外露的全封闭式外壳口。为有效防止外来火花造成危害,在其内部还装有火花捕捉器。

免维护蓄电池的工作原理与普通铅蓄电池相同。放电时,正极板上的二氧化铅和负极板上的海绵状铅与电解液内的硫酸反应生成硫酸铅和水,硫酸铅沉淀在正负极板上,而水则留在电解液内;充电时,正负极板上的硫酸铅又分别还原成二氧化铅和海绵状铅。

免维护蓄电池由于其负极板上的硫酸铅含量比正极板上多,因此,充足电时正极板的硫酸铅全部转变成了二氧化铅,而负极板上的硫酸铅用来产生氧气,并使多余的硫酸铅转变成海绵状铅。同时,在正极板上所产生的氧气也不会外逸,而是迅速与负极板上的活性物质(海绵状铅)发生反应,生成二氧化铅,再与电解液中的硫酸反应变成硫酸铅和水。因此,从理论上讲,免维护蓄电池即使被过充电时其电解液中的水也不会散失。

2. 免维护蓄电池的性能特点

1) 自行放电量小

普通铅蓄电池的栅架上多采用铅锑合金,且锑的含量较高(一般为4%~7%),在充电时,正极栅架的锑逐渐溶解到电解液中,并在负极板表面上沉积,与负极板上的活性物质形成微电池,从而导致自行放电量增大。而免维护蓄电池正极栅架多为铅钙合金,其晶粒较细,耐腐蚀,所以自行放电量较小。

2) 失水量小

免维护蓄电池的失水量一般为普通蓄电池的1/10,其原因是铅锑合金的析氢过电位较低,所以充电末期在负极板处有大量的氢气析出,造成失水较多,而铅钙合金氢的析出过电位与纯铅相似,比铅锑合金高出许多,因此充电时使氢析出量大大减少,从而使失水量减少。

3) 起动性能好

普通蓄电池的起动电流一般为该电池20h放电率额定电荷量的3~4倍,而免维护蓄电池的起动电流可达普通蓄电池20h放电率额定电荷量的5~9倍。其原因是铅钙合金的电导比铅锑合金高(含钙量为0.1%的铅钙合金比含锑7%的铅锑合金的电导高20%)。另外,免维护蓄电池各单格间的连接采用内连式,缩短了电路的连接长度,使连接条上的功率损失减少80%、放电电压提高0.15~0.4V。因此,比普通蓄电池有较好的起动性能。

4) 使用寿命和储存寿命长

由于栅架使用了耐腐蚀的铅钙合金,提高了蓄电池的耐充性,再加上采用袋式隔板,可防止活性物质的脱落,因此,可有效地提高蓄电池的使用寿命。同时,由于自行放电量小,储存寿命显著增长,其储存寿命为普通蓄电池的3倍,并且经储存后再启用时,仍具有较好的性能。

5) 使用方便

免维护蓄电池在出厂时已装好电解液,使用时减少了配制和添加电解液的麻烦,再加上使用中不需要加蒸馏水,通过电解液密度计指示器可以判断蓄电池的电荷情况,减少了检查与维护作业,因而使用起来很方便。

学习小结

(1) 蓄电池是一种将化学能转变为电能的装置。

(2) 免维护铅蓄电池又称MF蓄电池,结构组成和普通蓄电池结构相同,主要是制造工艺上得到改善,外观上没有普通蓄电池的加液盖。

(3) 3-Q-90型蓄电池,在电解液平均温度为25℃的情况下,以270A放电电流放电5min后,电池的端电压降为4.5V,其起动容量 $Q = 270 \times 5/60 = 22.5(A \cdot h)$。

(4) 蓄电池端电压测试是车间用来判断蓄电池是否亏电的常用方法,一个充满电的蓄电池,理论电压为12.6V,夏天蓄电池放电超过50%就需要充电。

自我评估

1. 填空题

(1) 汽车上电源包括发电机和_____。

(2) 蓄电池由_____、_____、_____、正负接线柱等组成。

2. 判断题

(1)汽车常用的蓄电池是铅酸蓄电池。　　　　　　　　　　　　　　　(　　)

(2)隔板的主要材料一般选用微孔塑料。　　　　　　　　　　　　　　(　　)

(3)在汽车上取下蓄电池时,先拆卸蓄电池的正极,再拆蓄电池负极。　　(　　)

3. 选择题

(1)免维护蓄电池没有(　　)。

　　A. 正负极板　　　　B. 隔板　　　　　C. 电解液　　　　　D. 加液盖

(2)蓄电池标有6-QAW-100,请问"100"表示(　　)。

　　A. 额定容量　　　　B. 起动容量　　　C. 冷起动容量　　　D. 以上都不对

(3)一个12V蓄电池由(　　)个单格电池组成。

　　A. 3　　　　　　　B. 4　　　　　　　C. 5　　　　　　　D. 6

评价与反馈

1. 任务实施考核成绩评定(表1-4)

起动机更换考核表　　　　　　　　　　　　　　　表1-4

考核项目及分值	考核内容及分值	评分标准	评分记录
准备工作 10分	清洁工量具及其工作台	(1)未清洁工量具,扣1分; (2)未清洁工作台,扣1分	
蓄电池的拆卸 40分	(1)关闭点火开关,拆下点火钥匙; (2)移除行李舱地板地毯; (3)断开蓄电池负极电缆; (4)断开蓄电池至熔断丝盒电缆; (5)从蓄电池上拆下蓄电池通风管; (6)拆下蓄电池压板固定件螺母; (7)使用拆卸工具拆下蓄电池	(1)未操作,扣10分; (2)错误一次扣2分; (3)错误一次扣2分; (4)未操作,扣5分; (5)未操作,扣5分; (6)错误一次扣2分; (7)工具、零件掉地,一次扣5分	
蓄电池的安装 40分	(1)使用拆卸工具安装蓄电池; (2)安装蓄电池压板固定件螺母; (3)安装蓄电池通风管; (4)安装蓄电池至熔断丝盒电缆; (5)安装蓄电池负极电缆; (6)安装行李舱地板地毯; (7)打开点火开关	(1)工具、零件掉地,一次扣5分; (2)错误一次扣2分; (3)未操作,扣5分; (4)未操作,扣5分; (5)错误一次扣2分; (6)未操作,扣5分; (7)未操作,扣10分	
收尾工作 10分	(1)清洁工具、工作台; (2)工具应摆放整齐	(1)未清洁,一次扣1分; (2)未摆放整齐,一次扣1分	
考核时限	完成全部考核内容规定用时为20min	(1)超时每分钟扣5分; (2)超时5min即停止记分	

2. 任务过程评价与反馈(表1-5和表1-6)

任务过程评价表(教师填写)　　　　　　　　　　　　　　　　　　表1-5

考核项目	评分标准	分数	成绩	过程评价
劳动纪律	有无迟到、早退和旷工	5		
团队合作	是否和谐	5		
活动参与	是否精彩	5		
安全生产	有无安全隐患	10		
操作过程	是否正确、熟练	30		
任务质量	是否圆满完成	10		
工具、设备使用	是否规范、标准	10		
工作页填写	是否完整、规范	15		
现场5S	是否做到	10		
总分		100		

注:没有按照操作流程操作,出现人身伤害或设备严重事故,本任务考核结果为0分。

任务过程反馈表(学生填写)　　　　　　　　　　　　　　　　　　表1-6

反馈内容	回答
你是否完成本学习任务,并得到老师的确认?	
你是否能准确有效地收集、分析和组织完成资料,正确地交流信息?	
你是否已经掌握预期的知识和必备的技能?	
你是否充分使用学习资源和按计划有组织地完成目标?	
操作完成水平: 　　上述表格中的项目应为肯定回答。若不是,应咨询老师。你可以要求附加相关活动,以便完成相关的操作技能。 　　教师签字:_____ 　　学生签字:_____ 　　完成日期:_____	

学习任务二　汽车发电机结构与拆装

学习目标
1. 知识目标：(1) 能够描述发电机的作用；
　　　　　　(2) 能够描述硅整流发电机的组成；
　　　　　　(3) 能够描述硅整流发电机的拆装步骤。
2. 技能目标：(1) 能够正确使用发电机拆装工具；
　　　　　　(2) 能够正确使用工具对发电机进行拆装。
3. 职业素质目标：(1) 培养学生安全操作意识；
　　　　　　　　(2) 培养学生按照5S标准进行实践；
　　　　　　　　(3) 培养学生团队协作和沟通能力。

任务描述

一辆轿车，因发电机不发电进厂报修。主管让你更换此发电机，你能完成这个任务吗？

基础知识

带有电刷的交流发电机(下面简称交流发电机)主要由转子总成、定子总成、整流器、前后端盖、电刷、调节器、风扇及皮带轮等组成，如图2-1所示。

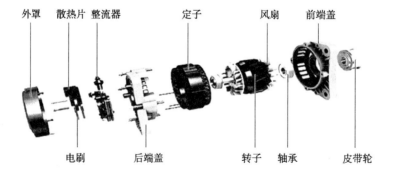

图2-1　交流发电机结构

1. 转子总成

交流发电机的转子总成是发电机的磁场部分,其主要由两块磁爪、励磁绕组、滑环及转子轴等组成,如图2-2所示。

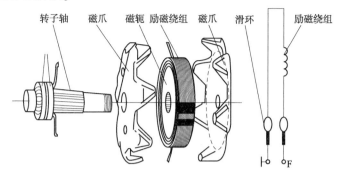

图2-2 转子总成结构

两块磁爪被压装在转子轴上,且内腔装有磁轭,其上绕有励磁绕组。绕组两端的引线分别焊在与轴绝缘的两个滑环上。两个电刷装在与端盖绝缘的电刷架内,通过弹簧力使其与滑环保持接触。

当发电机工作时,两电刷与直流电源连通,可为励磁绕组提供定向电流并产生轴向磁通,使两块磁爪被分别磁化为N极和S极,从而形成犬牙交错的磁极对并沿圆周方向均匀分布。磁爪凸线的外形像鸟嘴,这种形状可以使定子感应的交流电动势近似于正弦波形,转子每转一周,定子的每条电路上就能产生周波个数等于磁极对数的交流电动势。磁极对数一般为4~7对,国产发电机大多采用6对磁极。

2. 定子总成

定子总成(图2-3)是产生和输出交流电的部件,又称电枢,由定子铁芯和定子绕组组成。定子铁芯由相互绝缘的内圆带槽的环状硅钢片叠成。定子槽内置有三相对称绕组,三相绕组大多数采用Y形(星形)联结,如图2-4所示。

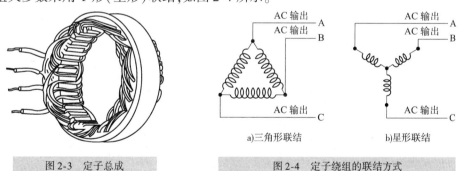

图2-3 定子总成   图2-4 定子绕组的联结方式

a)三角形联结   b)星形联结

3. 整流器

交流发电机的整流器一般由6只硅二极管组成,由于技术发展之后又生产了9管发电机,增加了3个小功率的磁场二极管。外壳为正极、中心引线为负极的二极管,称为负极管;外壳为负极、中心引线为正极的二极管,称为正极管。整流板及二极管的安装如图2-5所示。

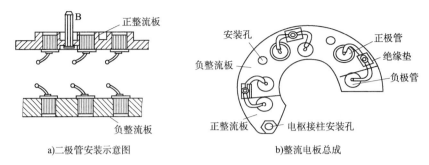

图 2-5 整流板及二极管的安装

安装二极管的散热板称为整流板(又称元件板),通常用合金制成以利散热。现代汽车用交流发电机都有两块整流板,安装三只正极管的整流板(装在外侧)称为正整流板,安装三只负极管的整流板(装在内侧)称为负整流板,两块板绝缘地安装在一起,它与后端盖用尼龙或其他绝缘材料制成的垫片隔开且固定在后端盖上。

安装在正整流板上并与之绝缘的三个接线柱分别固定正、负极管子的引线和来自三相绕组某一相的端头,与正整流板连接在一起的螺栓引至后端盖外部作为发电机的电源输出端,并标记为"B"。

4. 端盖与电刷总成

端盖包括驱动端盖、整流端盖以及安装在其上的轴承、轴承盖等零部件。由于铝合金为非导磁材料,可减少漏磁并具有轻便、散热性能良好等优点,所以端盖由铝合金制成。为了提高轴承孔的机械强度,增加其耐磨性,在部分发电机端盖的轴承座内镶有铜套。

后端盖装有电刷架,两个电刷分别装在电刷架的孔内,借弹簧压力与滑环保持接触。国产交流发电机的电刷架有两种结构形式:一种电刷架可直接从发电机外部进行拆装,如图 2-6a)所示;另一种则不能直接在发电机外部进行拆装,如图 2-6b)所示,若需要更换电刷,必须将发电机拆开。

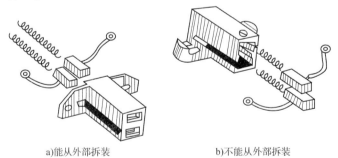

图 2-6 电刷架的结构

5. 电压调节器

电压调节器主要是用在发电机转速变化时,控制发电机的输出电压,使其保持恒定。发电机的输出电压经过调节之后稳定在 13.8~14.5V。

电压调节器按工作原理的不同可分为触点式电压调节器、晶体管调节器、集成电路调节器和电脑控制调节器。

(1)触点式电压调节器。

这种调节器触点振动频率慢,存在机械惯性和电磁惯性,电压调节精度低,触点易产生火花,对无线电干扰大,可靠性差,寿命短,现已被淘汰。

(2)晶体管调节器。

随着半导体技术的发展,采用了晶体管调节器。其优点是:晶体管的开关频率高,且不产生火花,调节精度高,还具有质量轻、体积小、寿命长、可靠性高、电波干扰小等优点,现一般应用于东风、解放及多种中低档车型。

(3)集成电路调节器。

集成电路调节器除具有晶体管调节器的优点外,还具有超小型,安装于发电机的内部(又称内装式调节器),减少了外接线,并且冷却效果得到了改善,一般应用于夏利、桑塔纳等轿车上。

(4)电脑控制调节器。

电脑控制调节器是现在轿车采用的一种新型调节器,由电负载检测仪测量系统总负载后,向发电机电脑发送信号,然后由发动机电脑控制发电机电压调节器,适时地接通和断开磁场电路,即能可靠地保证电气系统正常工作,又能减轻发动机负荷,提高燃料经济性,如上海别克轿车发电机上使用了这种调节器。

基本技能

发电机就车拆卸与安装的准备工作及实施步骤如下。

1. 准备工作

(1)防护装备:工作服、工作帽、手套、劳保鞋。
(2)车辆:台架、总成、整车。
(3)检测设备:万用表。
(4)手工工具:拆装工具一套。
(5)辅助材料:翼子板布和前格栅布、防护三件套、抹布、手套、白板笔等。
(6)在表2-1中填写本任务中要使用的主要工具,如图2-7所示。

工、量具名称及型号　　　　　　　　　表2-1

名　　称	型　　号

2. 实施步骤

(1)蓄电池负极电缆的断开和连接,断开连接,移除传动皮带。
(2)举升和顶起车辆(图2-8),移除前排气管。

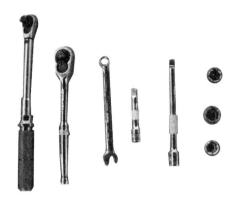

图2-7 拆装发电机的主要工具

图2-8 举升和顶起车辆

(3)断开发电机线束插头,拆下发电机和起动机电缆发电机导线螺母(图2-9)。

图2-9 断开发电机线束插头和拆卸导线螺母

(4)拆下2个发电机螺栓(图2-10),并拆下发电机螺母。

(5)拆下发电机(图2-11)。

图2-10 拆下发电机螺栓

图2-11 拆下发电机

(6)更换新发电机,并安装发电机(图2-12),安装2个发电机螺栓,并紧固至22N·m。

(7)安装发电机螺母并紧固至22N·m(图2-13)。

图2-12 安装发电机

图2-13 紧固螺母

(8)安装发电机和起动机电缆,安装发电机和起动机电缆发电机导线螺母并紧固至12.5N·m(图2-14)。

(9)连接发电机线束插头(图2-15)。

图2-14 安装导线螺母

图2-15 安装发电机线束插头

(10)安装前排气管,降低车辆,安装传动皮带。

(11)连接蓄电池负极电缆。

 学习拓展

汽车用无刷交流发电机是指无电刷、无滑环的交流发电机。

无刷交流发电机有爪极式、励磁机式、永磁式和感应子式四种,其中爪极式和感应子式比较常见。

1. 爪极式无刷交流发电机

爪极式无刷交流发电机的结构与一般交流发电机大致相同,其不同之处在于励磁绕组是静止的,不随转子转动,所以绕组两端可直接引出,不需要滑环和电刷。

(1)爪极式无刷交流发电机的结构。

如图2-16所示,励磁绕组5装在发电机中部的磁轭托架10上,磁轭托架用螺栓固定在端盖7上。尽管磁极3、4转动,励磁绕组并不转动。两爪极3、4中,只有爪极4固定在转子轴6上,另一爪极3则用非导磁材料将其与爪极4固定在一起。当带轮带动转子轴6旋转时,爪极4就带动另一爪极3一同在定子内转动。固定两爪极的常用方法有非导磁连接环固定法和铜焊接法。在爪极3的轴向制有大圆孔,磁轭托架10由此圆孔伸入爪极3和4的腔室内,磁轭托架10与爪极3以及转子磁轭之间均需留出附加间隙g_1和g_2以便转子转动。

(2)爪极式无刷交流发电机的优点。

没有电刷和滑环,不会由于电刷和滑环的磨损而接触不良造成励磁不稳定或发电机不发电等故障;工作时不会产生火花,减少了无线电干扰。

(3)爪极式无刷交流发电机的缺点。

两块磁极间的连接工艺困难;主磁路中增加了两个附加气隙g_1和g_2,要想获得同样大小(与有刷发电机相比)的输出功率,就必须加大励磁绕组的励磁能力;两个爪极之间连接的制造工艺比较困难。

2. 感应子式交流发电机

如图2-17所示,感应子式交流发电机由定子、转子、整流器和机壳组成。它的转子由齿轮状硅钢片铆成,其上设有若干个沿圆周均匀分布的齿形凸极。

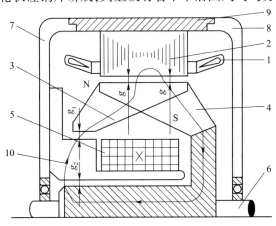
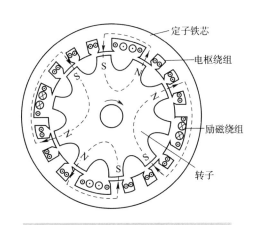

图2-16 爪极式无刷交流发电机的结构
1-定子绕组;2-定子铁芯;3、4-爪型磁极;5-励磁绕组;6-转子轴;7、8-端盖;9-机座;10-磁轭托架

图2-17 感应子式交流发电机的结构

 学习小结

(1)带有电刷的交流发电机主要由转子总成、定子总成、整流器、前后端盖、电刷、调节器、风扇及皮带轮等组成。

(2)带有电刷的发电机转子产生磁场,定子产生三相交流电,整流器是把定子产生的交流电变成直流电,电压调节器是发电机的输出电压恒定在13.5~14.5V。

(3)整流器按照二极管的数目可以分为6管式、8管式、9管式和11管式。

(4)调压器分为触点式调压器、电子晶体管式调压器、集成电路调压器和电脑控制调压器。

自我评估

1. 填空题

(1)交流发电机主要由_____、_____、电刷、整流二极管、前后端盖、_____、风扇及皮带轮等组成。

(2)电压调节器主要是用在发电机_____变化时,控制发电机的电压,使其保持恒定。

2. 判断题

(1)带有电刷的发电机定子为转子提供磁场。　　　　　　　　　　　(　)

(2)整流器是限制发电机的输出电压。　　　　　　　　　　　　　　(　)

(3)电压调节主要是控制定子绕组的电流大小。　　　　　　　　　　(　)

3. 选择题

(1)定子三相绕组大多数采用(　　)。
　　A.三角形　　　B.星形　　　C.四边形　　　D.以上都不正确

(2)电刷是给(　　)部件供电。
　　A.整流器　　　B.定子绕组　　C.转子绕组　　D.以上都不正确

评价与反馈

1. 任务实施考核成绩评定(表2-2)

发电机更换考核表　　　　　　　　　　　　　　　　　　　　　表2-2

考核项目及分值	考核内容及分值	评分标准	评分记录
准备工作 10分	清洁工量具及其工作台	(1)未清洁工量具,扣1分; (2)未清洁工作台,扣1分	
发电机的拆卸 40分	(1)蓄电池负极电缆的断开和连接,断开连接,移除传动皮带; (2)举升和顶起车辆,移除前排气管; (3)断开发电机线束插头,拆下发电机和起动机电缆发电机导线螺母; (4)拆下2个发电机螺栓,并拆下发电机螺母; (5)移除发电机	(1)未操作,扣10分; (2)错误一次扣2分; (3)错误一次扣2分; (4)错误一次扣2分; (5)错误一次扣2分	

续上表

考核项目及分值	考核内容及分值	评分标准	评分记录
发电机的安装 40分	(1)更换新发电机,并安装发电机,安装2个发电机螺栓,并紧固至22N·m; (2)安装发电机螺母,并紧固至22N·m; (3)安装发电机和起动机电缆,安装发电机和起动机电缆发电机导线螺母并紧固至12.5N·m; (4)连接发电机线束插头; (5)安装前排气管,降低车辆,安装传动皮带; (6)连接蓄电池负极电缆	(1)错误一次扣2分; (2)错误一次扣2分; (3)错误一次扣2分; (4)错误一次扣2分; (5)错误一次扣2分; (6)未操作,扣10分	
收尾工作 10分	(1)清洁工具、工作台; (2)工具应摆放整齐	(1)未清洁,一次扣1分; (2)未摆放整齐,一次扣1分	
考核时限	完成全部考核内容规定用时为20min	(1)超时每分钟扣5分; (2)超时5min即停止记分	

2. 任务过程评价与反馈(表2-3和表2-4)

任务过程评价表(教师填写) 表2-3

考核项目	评分标准	分数	成绩	过程评价
劳动纪律	有无迟到、早退和旷工	5		
团队合作	是否和谐	5		
活动参与	是否精彩	5		
安全生产	有无安全隐患	10		
操作过程	是否正确、熟练	30		
任务质量	是否圆满完成	10		
工具、设备使用	是否规范、标准	10		
工作页填写	是否完整、规范	15		
现场5S	是否做到	10		
总分		100		

注:没有按照操作流程操作,出现人身伤害或设备严重事故,本任务考核结果为0分。

任务过程反馈表(学生填写) 表2-4

反 馈 内 容	回答
你是否完成本学习任务,并得到老师的确认?	
你是否能准确有效地收集、分析和组织完成资料,正确地交流信息?	
你是否已经掌握预期的知识和必备的技能?	
你是否充分使用学习资源和按计划有组织地完成目标?	
操作完成水平: 　　上述表格中的项目应为肯定回答。若不是,应咨询老师。你可以要求附加相关活动,以便完成相关的操作技能。 　　教师签字:_____ 　　学生签字:_____ 　　完成日期:_____	

学习任务三　汽车起动机结构与拆装

> **学习目标**
> 1. 知识目标:(1)知道汽车起动系统的结构;
> 　　　　　　(2)知道汽车起动系统的拆装方法。
> 2. 技能目标:能够正确使用工具对起动机进行拆装。
> 3. 职业素质目标:(1)培养学生安全操作意识;
> 　　　　　　　　(2)培养学生按照5S标准进行实践;
> 　　　　　　　　(3)培养学生团队协作和沟通能力。

任务描述

一辆轿车不能起动,点火开关旋转到起动挡,能听到起动机旋转声音无力,经技术人员分析,需对起动机进行检修。你能完成起动机的拆装任务吗?

基础知识

一、起动系统的作用

汽车装用的汽油发动机或柴油发动机属于内燃机,其本身不能起动,必须借助外力引导发动机完成最初最基本的进气、压缩、燃烧做功及排气等工作过程,如图3-1所示。

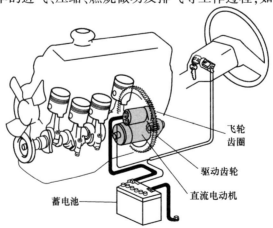

图3-1　起动系统示意图

发动机所借助的外力一般是指以蓄电池为电源的直流电动机,人们把起动发动机用的这种电动机称为起动机,如图 3-2 所示。

起动系统的作用是将蓄电池提供的电能转化为机械能,通过起动机驱动齿轮与发动机飞轮的啮合传递动力。

二、常规起动机的结构

电力起动机一般由直流串励式电动机、传动机构和控制装置(也称电磁开关)三部分组成,如图 3-2 所示,其内部结构如图 3-3 所示。直流串励式电动机的作用是产生转矩;传动机构(啮合机构)的作用是在发动机起动时,使起动机驱动齿轮啮入飞轮齿圈,将起动机的转矩传给发动机曲轴,而发动机起动后,使驱动齿轮打滑或与飞轮齿圈自动脱开;控制装置(电磁开关)的作用是接通和切断电动机与蓄电池之间的电路。

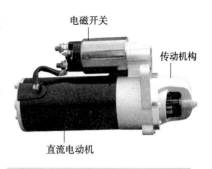

图 3-2 起动机

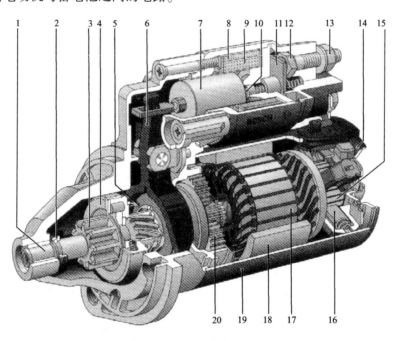

图 3-3 起动机的结构
1-驱动轴;2-挡圈;3-小齿轮;4-滚柱式单向离合器;5-啮合弹簧;6-啮合拨杆;7-啮合继电器;8-保持线圈;9-吸引线圈;10-复位弹簧;11-桥形接片;12-触点;13-电气接口;14-整流器支座;15-整流器;16-电刷支架;17-电枢;18-磁铁;19-极靴;20-行星齿轮箱

1. 直流电动机

直流电动机的作用是产生转矩。发动机起动用电动机主要有直流串励式电动机和复励式电动机。汽车上比较普遍采用的是直流串励式电动机。直流串励式电动机的励磁绕组与电枢绕组串联,电枢电流等于励磁绕组电流,并与总电流相等。

直流串励式电动机由磁极、电枢、换向器等组成,如图 3-4 所示。

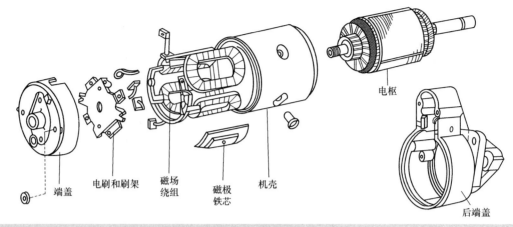

图 3-4　直流串励式电动机的结构

1)磁极

磁极由固定在机壳上的磁极铁芯和励磁绕组组成,其作用是产生电枢旋转所需的磁场。汽车起动机一般采用 4 个或 6 个磁极。励磁绕组一端接在外壳的绝缘接线柱上,另一端与两个非搭铁电刷相连,其内部电路的连接如图 3-5 所示。

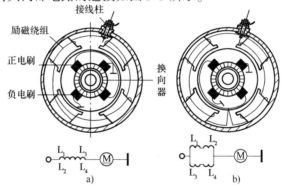

图 3-5　磁极内部电路的连接

2)电枢

电枢由外圆带槽的硅钢片叠成的铁芯和电枢绕组组成,如图 3-6 所示。

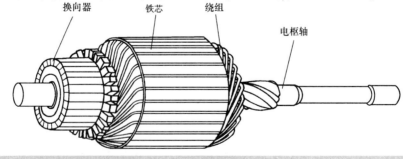

图 3-6　电枢

电刷和装在电枢轴上的换向器用来连接磁场绕组和电枢绕组的电路,并使电枢轴上的电磁力矩保持固定方向。电刷装在端盖上的电刷架中,通过电刷弹簧保持与换向片之间具有适当的压力,如图3-7所示。

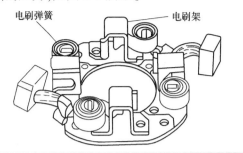
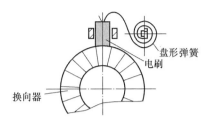

图3-7 电刷及电刷架

4个磁极的电动机装有4个电刷,其中两个与机壳绝缘,接励磁绕组的尾端,电流由这两个电刷进入电枢绕组,另外两个为搭铁电刷,通过电枢绕组的电流由这两个电刷搭铁。

3) 机壳

机壳是电动机的磁极和电枢的安装机体,一般做成圆筒状,其上有一绝缘接线端,是电动机的引入线。起动机的电磁开关也安装在机壳上。

2. 传动机构

传动机构由驱动齿轮、单向离合器、拨叉、啮合弹簧等组成,安装在起动机轴的花键部分。

起动时,传动机构使驱动齿轮沿起动机轴移出,与飞轮齿圈啮合,将电动机产生的转矩通过飞轮传递给发动机的曲轴,使发动机起动;起动后,飞轮转速逐渐提高,带动驱动齿轮高速旋转,引起电动机超速。因此,在发动机起动后,传动机构应使驱动齿轮与电动机轴自动脱开,防止电动机超速。

传动机构中,结构和工作情况比较复杂的是单向离合器,它的作用是传递电动机转矩,起动发动机,而在发动机起动后自动打滑,保护起动机电枢不致超速。常用的单向离合器主要有以下几种。

(1) 滚柱式单向离合器。

滚柱式单向离合器的外形如图3-8所示,其构造如图3-9所示,驱动齿轮与外壳制成一体,外壳内装有十字块和四套滚柱、压帽和弹簧。十字块与花键套筒固连,壳底与外壳相互扣合密封。

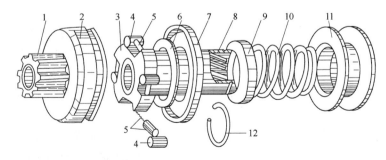

图3-8 滚柱式单向离合器

图3-9 滚柱式单向离合器
1-驱动齿轮;2-外壳;3-十字块;4-滚柱;5-压帽及弹簧;6-垫圈;7-护盖;8-花键套筒;9-弹簧座;10-啮合弹簧;11-拨环;12-卡簧

花键套筒的外面装有啮合弹簧及衬圈,末端安装拨环与卡圈。整个离合器总成套装在电动机轴的花键部位上,可做轴向移动和随轴转动。

(2)摩擦片式单向离合器。

中等功率和大功率的起动机多采用摩擦片式单向离合器。它是通过摩擦片的压紧(传递转矩)和放松(防止飞散)来实现离合的,如图 3-10 所示。

(3)弹簧式单向离合器。

弹簧式单向离合器如图 3-11 所示。

起动时,电枢轴带动连接套筒旋转,扭力弹簧顺其旋转方向扭转,圈数增加,内径变小,将齿轮柄与连接套筒包紧,成为整体。于是,电动机的转矩传给驱动齿轮,带动曲轴旋转,起动发动机。起动后,驱动齿轮转速高于电枢转速,扭力弹簧被反向扭转,内径变大,齿轮柄与连接套筒松脱,各自转动(齿轮柄被飞轮齿圈带动高速旋转,连接套筒随电枢低速旋转),使发动机转矩不能传给电枢,起飞散保护作用。

图 3-10 摩擦片式单向离合器

图 3-11 弹簧式单向离合器

3. 控制装置

控制装置的作用是控制驱动齿轮与飞轮齿圈的啮合与分离,并控制电动机电路的接通与切断。

在现代汽车上,起动机均采用电磁控制装置控制电路,电磁式控制装置是利用电磁开关的电磁力操纵拨叉,使驱动齿轮与飞轮啮合或分离。

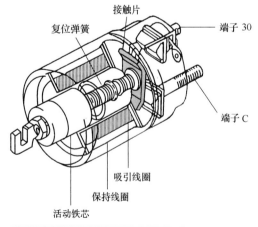

图 3-12 电磁开关结构图

电磁式控制装置的具体结构尽管有所不同,但一般 12V 电源系统汽车用起动机都是由电磁铁机构操纵拨叉,控制离合器驱动齿轮。

电磁控制装置在起动机上称为电磁开关,图 3-12 所示为电磁开关结构图。

电磁开关上有 4 个接线柱,分别是两个主电路接线柱,附加电阻短路接线柱和起动机接线柱(电磁开关接线柱);两个线圈,即吸引线圈和保持线圈,两线圈的公共端接起动开关或起动机接线柱,吸引线圈的另一端接起动机开关主接线柱,保持线圈的另一端搭铁。活动铁芯与拨叉通过调节螺钉相连,固定铁芯的中心装有推杆,其上套有接触盘、活动铁芯及推杆,接触盘上装有复位弹簧,其电路如图 3-13 所示。

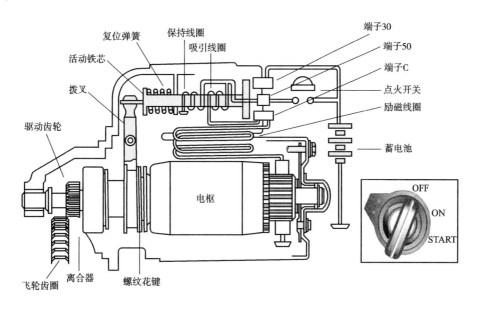

图 3-13　电磁开关电路

4. 起动机型号

根据《汽车电气设备产品型号编制方法》(QC/T 73—1993)规定,起动机的型号有五个信息位,如下所示:

| 1 | 2 | 3 | 4 | 5 |

1 位——产品代号。起动机的产品代号:QD 表示起动机;QDJ 表示减速起动机;QDY 表示永磁型起动机(包括永磁减速型起动机)。

2 位——电压等级代号。1 表示 12V;2 表示 24V。

3 位——功率等级代号。功率等级代号含义见表 3-1。

4 位——设计序号(1~2位)。

5 位——变型代号(省略、A、B、C、D、E、F、…、Y、Z)。

起动机功率等级代号含义　　表 3-1

1	2	3	5	6	7
1kW 以下	1~2kW	2~3kW	3~4kW	4~6kW	6~7kW

例如:QD263Y(24V、4.5kW)。

QD1538(12V、3.2kW)。

QDJ131(12V、2.2kW)。

基本技能

起动机拆装的准备工作及实施步骤如下。

1. 准备工作

(1) 防护装备:工作服、工作帽、手套、劳保鞋等。

(2) 车辆:整车、台架、总成等。

(3) 手工工具:拆装工具一套。

(4) 辅料材料:工作台、翼子板布和前格栅布、防护三件套、抹布、手套、白板笔等。

(5) 在表 3-2 中填写本任务中要使用的主要工具,如图 3-14 所示。

工、量具名称及型号　　　　　　　　表 3-2

名　　称	型　　号

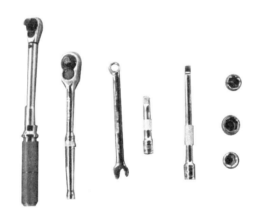

图 3-14　拆装起动机的主要工具

2. 实施步骤

1) 起动机的就车拆卸

起动机从汽车上拆下前,应确认点火开关关闭。其步骤如下(本拆装使用的车辆是别克威朗)。

(1) 车辆信息登记(表 3-3)。

车辆信息登记　　　　　　　　表 3-3

车辆信息	车辆识别代号	
	发动机型号	

(2)打开行李舱盖,取出备用轮胎,如图3-15所示。
(3)找到蓄电池,断开蓄电池负极电缆,如图3-16所示。

图3-15　备用轮胎位置

图3-16　断开蓄电池负极

(4)打开发动机舱盖,用支撑杆顶起发动机舱盖,如图3-17所示。
(5)安装翼子板布和前格栅布,如图3-17所示。

 小提示

在安装翼子板布和格栅布时,注意不要将磁铁放在灯罩之类的非磁性物质上面,以防止其掉落。

(6)举升和顶起车辆,如图3-18所示。

图3-17　安装翼子板布和前格栅布

图3-18　举升车辆

 小提示

使用举升机前一定需经过专业培训,方可操作举升机。

(7)找到起动机的位置,断开起动机线束,如图3-19所示。
(8)拆下发电机和起动机电缆起动导线螺母,如图3-20所示。

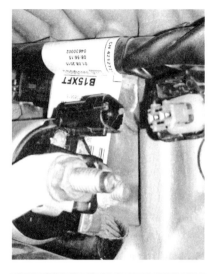

图3-19 断开起动机线束

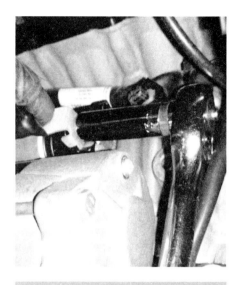

图3-20 拆起动导线螺母

（9）拆下发电机和起动机起动电缆，如图3-21所示。
（10）拆下起动机搭铁电缆螺栓，如图3-22所示。

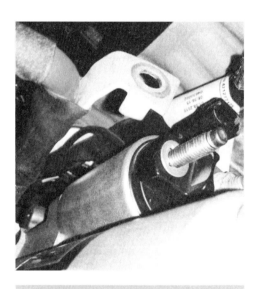

图3-21 拆下起动电缆

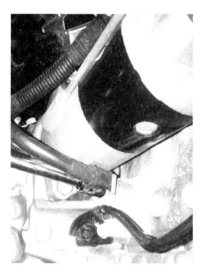

图3-22 拆搭铁电缆螺栓

（11）拆下起动机搭铁电缆。
（12）松开线束固定件。
（13）拆下2个起动机托架螺栓，如图3-23所示。
（14）拆下起动机托架。
（15）拆下起动机螺栓，如图3-24所示。

图 3-23 拆下托架螺栓　　　　图 3-24 拆下起动机螺栓

（16）拆下起动机螺母。
（17）拆下起动机,如图 3-25 所示。

图 3-25　起动机

2）起动机的就车安装
（1）将起动机依托在安装位置。
（2）安装起动机螺母并紧固至规定力矩 58N·m,如图 3-26 所示。
（3）安装起动机螺栓并紧固至规定力矩 58N·m。
（4）安装起动机托架。
（5）安装起动机托架螺栓并紧固至规定力矩,如图 3-27 所示。

图 3-26　安装起动机螺母　　　　图 3-27　安装起动机托架

小提示

起动机端螺栓规定力矩为 22N·m;发动机机体端螺栓规定力矩为 58N·m。

(6) 卡紧线束固定件。

(7) 安装起动机搭铁电缆。

(8) 安装起动机搭铁电缆螺母并紧固至规定力矩 22N·m,如图 3-28 所示。

(9) 安装发电机和起动机电缆。

(10) 安装发电机和起动机电缆起动导线螺母并紧固至规定力矩 12.5N·m,如图 3-29 所示。

图 3-28　安装搭铁电缆螺母

图 3-29　安装起动导线螺母

(11) 连接起动机线束插头。

(12) 操作举升机放下车辆,如图 3-30 所示。

(13) 连接蓄电池负极电缆,如图 3-31 所示。

图 3-30　放下车辆至地面

图 3-31　连接蓄电池负极电缆

(14) 安装完毕后整理、清理工量具,做好场地和车辆的清洁卫生,如图 3-32 所示。

学习任务三　汽车起动机结构与拆装

图 3-32　清洁后场地

 学习拓展

起动机的主要作用是提供强大转矩带动发动机转动起来,因此在起动机电枢轴与驱动齿轮之间加装减速装置能起到减速增矩的作用,这样更利于发动机起动。很多汽车使用的是减速型起动机,如图 3-33 所示。

图 3-33　减速型起动机

减速起动机与常规起动机的主要区别是在传动机构和电枢之间安装了一套减速装置,通过减速装置把转矩传递给单向离合器,降低电动机的速度,增大输出转矩,减小起动机的体积和质量。常用的齿轮减速装置有平行轴式(图 3-34)减速装置和行星齿轮式(图 3-35)减速装置两种形式。图 3-36 所示是丰田 Y 系列汽车用外啮合式减速起动机的结构。

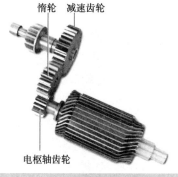

图 3-34　平行轴式减速机构

图 3-35　行星齿轮式减速机构

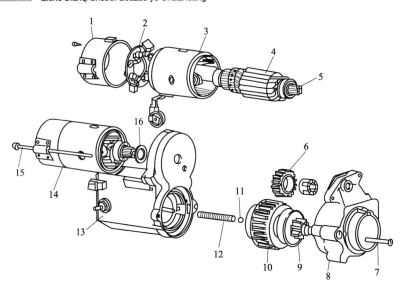

图 3-36　丰田 Y 系列汽车用外啮合式减速起动机的结构

1-后端盖;2-电刷架;3-定子总成;4-电枢总成;5-减速机构主动齿轮;6-惰轮;7-螺栓;8-驱动端盖;9-驱动齿轮;10-减速机构从动齿轮及单向离合器;11-钢球;12-复位弹簧;13-电磁开关;14-直流电动机总成;15-螺栓;16-毡圈

 学习小结

（1）汽车起动系统的作用是将蓄电池的电能转化为机械能,驱动发动机飞轮旋转,实现发动机能在自身动力作用下继续运转。

（2）现在汽车上常用直流串励式起动机,包括直流串励式电动机、传动机构和操纵机构三部分。

（3）直流串励式电动机由电枢、磁轭、换向器和电刷等组成。

（4）操纵机构由保持线圈、吸引线圈、活动铁芯、复位弹簧等组成。

（5）别克威朗起动机的拆装流程。

 自我评估

1. 填空题

（1）现在汽车上常用直流串励式起动机,主要由直流串励式电动机、_____ 和操纵机构三部分组成。

（2）目前轿车和中轻型汽车上普遍使用_____式单向离合器。

（3）直流串励式电动机的_____与_____相串联。

2. 判断题

（1）起动机换向器的作用是使直流电动机维持定向运转。　　　　　　　　　（　）

（2）直流串励式电动机中,励磁绕组和电枢绕组是串联的。　　　　　　　　（　）

（3）电磁开关中有吸引线圈和保持线圈。　　　　　　　　　　　　　　　　（　）

(4)起动机上的控制装置也称为电磁开关。　　　　　　　　　　　(　　)

3. 选择题

(1)起动机中直流串励式电动机所起的作用是(　　)。
　　A. 将电能转化为机械能　　B. 将机械能转化为电能　　C. 将电能转化为化学能

(2)起动机中(　　)提供电动机旋转磁场。
　　A. 定子磁轭　　　　　　B. 转子电枢　　　　　　　C. 电磁开关

(3)减速起动机与常规起动机的主要区别在于(　　)不同。
　　A. 直流电动机　　　　　B. 控制装置　　　　　　　C. 传动机构

评价与反馈

1. 任务实施考核成绩评定(表3-4)

起动机拆装考核表　　　　　　　　表3-4

考核项目及分值	考核内容及分值	评分标准	评分记录
准备工作 10分	清洁工量具及其工作台	(1)未清洁工量具,扣1分; (2)未清洁工作台,扣1分	
起动机拆卸 40分	(1)记录车辆信息; (2)安装前格栅布和翼子板布; (3)断开蓄电池负极; (4)安全举升车辆; (5)拆卸起动机	(1)车辆信息记录错误,一次扣3分; (2)未安装翼子板布和前格栅布,一件扣2分; (3)拆卸顺序错误,一次扣2分; (4)工具操作不当,一次扣2分; (5)操作方法错误,一次扣2分; (6)工具、零件掉地,一次扣5分	
起动机安装 40分	(1)安装起动机; (2)安全下降车辆; (3)通电连接	(1)操作方法错误,一次扣2分; (2)扭力扳手使用错误,一次扣2分; (3)拧紧力矩错误,每次扣3分; (4)安装顺序错误,一次扣2分; (5)工具、零件掉地,一次扣5分	
收尾工作 10分	(1)清洁工具、工作台; (2)工具应摆放整齐	(1)未清洁,一次扣1分; (2)未摆放整齐,一次扣1分	
考核时限	完成全部考核内容规定用时为20min	(1)超时每分钟扣5分; (2)超时5min即停止记分	

2. 任务过程评价与反馈(表3-5和表3-6)

任务过程评价表(教师填写)　　　　　　　表3-5

考核项目	评分标准	分数	成绩	过程评价
劳动纪律	有无迟到、早退和旷工	5		
团队合作	是否和谐	5		

续上表

考核项目	评分标准	分数	成绩	过程评价
活动参与	是否精彩	5		
安全生产	有无安全隐患	10		
操作过程	是否正确、熟练	30		
任务质量	是否圆满完成	10		
工具、设备使用	是否规范、标准	10		
工作页填写	是否完整、规范	15		
现场5S	是否做到	10		
总分		100		

注:没有按照操作流程操作,出现人身伤害或设备严重事故,本任务考核结果为0分。

任务过程反馈表(学生填写) 表3-6

反馈内容	回答
你是否完成本学习任务,并得到老师的确认?	
你是否能准确有效地收集、分析和组织完成资料,正确地交流信息?	
你是否已经掌握预期的知识和必备的技能?	
你是否充分使用学习资源和按计划有组织地完成目标?	
操作完成水平: 上述表格中的项目应为肯定回答。若不是,应咨询老师。你可以要求附加相关活动,以便完成相关的操作技能。 教师签字:_____ 学生签字:_____ 完成日期:_____	

学习任务四　汽车点火系统结构与拆装

> **学习目标**
> 1. 知识目标：(1) 知道汽车点火系统的作用与分类；
>   (2) 知道汽车点火系统组成及相关元件的作用。
> 2. 技能目标：能够正确使用工具对点火线圈及火花塞进行拆装。
> 3. 职业素质目标：(1) 培养学生安全操作意识；
>   (2) 培养学生按照5S标准进行实践；
>   (3) 培养学生团队协作和沟通能力。

任务描述

一辆通用威朗轿车，在使用过程中出现发动机工作抖动、怠速不稳定，并且出现排气黑烟及油烟味浓的状况。根据维修经验，初步判断为发动机点火系统出现异常，导致发动机燃烧性能下降，发动机工作性能变差，需要对发动机点火系统进行拆装检查。

基础知识

一、点火系统的作用、分类及组成

1. 点火系统的作用

点火系统的作用是将汽车的低压电变成高压电，按照汽油发动机工作的要求，适时送到点火缸的火花塞，击穿火花塞间隙产生电火花，点燃汽缸内的混合气，使发动机做功。

2. 点火系统的分类

按点火的控制方式不同，点火系统可分为传统点火系统(图4-1)、电子点火系统(图4-2)和微机控制点火系统(图4-3)。目前，绝大多数汽油发动机汽车采用微机控制点火系统。

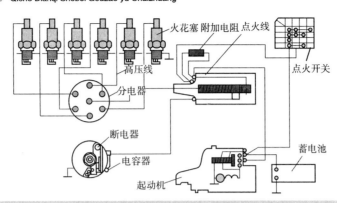

图 4-1 传统点火系统

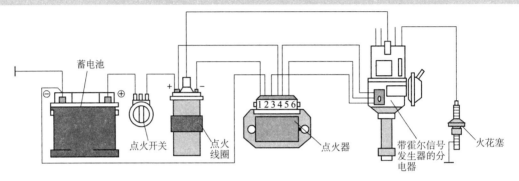

图 4-2 电子点火系统

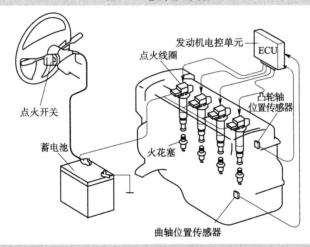

图 4-3 微机控制点火系统

3. 发动机对点火的基本要求

无论汽车上采用何种点火系统,都必须满足发动机对点火的基本要求:

(1)点火系统应能够产生足以击穿火花塞间隙的高压电。

(2)火花塞产生的电火花应具有足够的能量。

(3)点火的时间应能适应发动机的工作情况。

(4)工作可靠。

4. 微机控制点火系统组成

微机控制点火系统主要由各种传感器、微机控制单元、执行器、点火线圈、火花塞等组成,如图4-4所示。

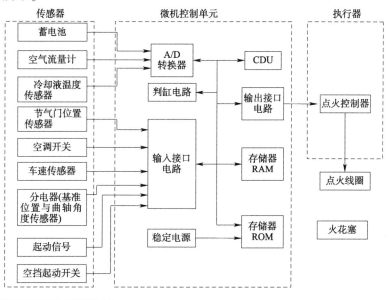

图4-4 微机控制点火系统的组成

二、点火线圈的作用与分类

点火线圈的作用是将汽车低压电转变为15000～40000V的高压电,以满足火花塞跳火的需要。按铁芯形状不同可分为开磁路式(图4-5)和闭磁路式(图4-6)。按功能差异,分为普通型和高能型。

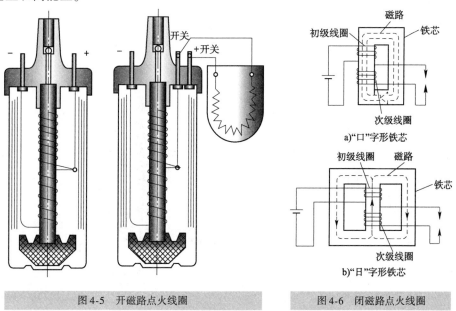

图4-5 开磁路点火线圈　　图4-6 闭磁路点火线圈

微机控制点火系统分为：双缸同时点火方式和独立点火方式。目前，在产汽油发动机汽车主要采用直接点火方式，且独立点火方式被广泛采用。点火线圈根据双缸点火和单缸点火的不同，结构上也有不同，如图4-7～图4-9所示。

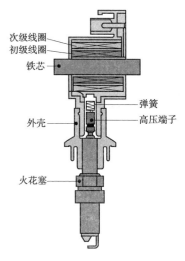

图4-7 双缸点火点火线圈　　图4-8 捷达四头点火线圈　　图4-9 单缸独立点火点火线圈

三、火花塞的作用与分类

火花塞，俗称火嘴，其作用是把高压导线送来的脉冲高压电放电，击穿火花塞两电极间空气，产生电火花以此引燃汽缸内的混合气体。

火花塞由接线螺母、中央电极、搭铁电极、金属壳体和绝缘体等主要部件组成，如图4-10所示。火花塞上的搭铁电极与金属壳体连接，通过汽缸盖螺纹连接到发动机缸体上，如图4-11所示。绝缘体主要起到隔离金属壳体及中央电极的作用。接线螺母是火花塞上与高压线圈接触的部分，电流通过接线螺母和中央电极后，击穿中央电极与搭铁电极间的介质产生火花，从而点燃汽缸中的混合气。

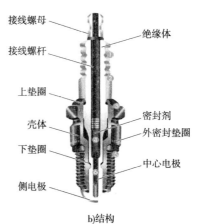

a) 多种多样的火花塞电极类型　　b) 结构

图4-10 火花塞结构

经过了100多年的发展,传统的标准火花塞已经发展出多种多样的电极类型。火花塞由传统的标准型单侧极发展到突出型单侧极,由单侧极发展至多侧极,如图4-12所示。传统单侧极火花塞的火焰核位于中央电极与侧电极之间,热量较多地被侧电极吸收从而抑制了火焰核的增大,即"消焰作用"明显。这就降低了此类型火花塞的跳火性能。在20世纪20年代,开始出现了三侧极火花塞,三个搭铁电极位于中央电极四周,消除了单侧极火花塞中央电极被侧电极遮挡的缺点,削弱了"消焰作用",火花能量较大,拥有更好的跳火性能。这里要明确一点,虽然多电极火花塞有多个搭铁电极,但在火花塞跳火瞬间电流仅通过单一搭铁电极跳火,不会出现多电极同时跳火的情况。

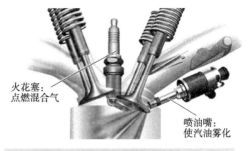

图4-11 火花塞的安装位置

图4-12 火花塞电极类型

火花塞在发展的过程中引入了各种的稀有金属,以提供良好的散热能力、抗化学腐蚀能力、抗电腐蚀能力、跳火性能以及工作稳定性等性能。因此火花塞按照电极材料来分,有镍合金、银合金和铂合金等;按照热值高低来分,有冷型和热型。热型火花塞裙部长,传热距离长,散热慢;冷型火花塞裙部短,传热距离短,散热快,如图4-13所示。

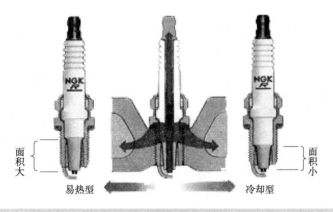

图4-13 火花塞的热特性

四、曲轴转速传感器结构

（1）大众车一般采用磁感应式曲轴位置传感器，安装在曲轴箱内靠近离合器一侧的缸体上，获得发动机转速信号和曲轴转角位置信号，作为发动机点火和喷油的判缸信号之一。传感器本体和信号转子如图 4-14 和图 4-15 所示（图中信号转子直接加工在飞轮上）。

图 4-14　曲轴位置传感器　　　　　图 4-15　曲轴位置传感器信号转子

（2）信号发生器本体用螺钉固定在发动机缸体上，由永久磁铁、感应线圈和线束插头组成。

（3）图 4-16 所示为曲轴位置传感器结构图。

五、凸轮轴位置传感器结构

大众车采用的霍尔式凸轮轴位置传感器，如图 4-17 所示，安装在发动机配气凸轮轴的一端，主要由霍尔信号发生器（图 4-18）和信号转子（图 4-19）组成。

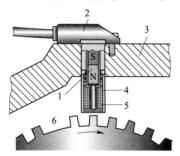

图 4-16　曲轴位置传感器结构　　　　　图 4-17　霍尔式凸轮轴位置传感器
1-永久磁铁；2-插接器；3-缸体；4-铁芯；5-电磁线圈；6-信号转子

图 4-18　霍尔信号发生器　　　　　图 4-19　信号转子

六、爆震传感器结构

（1）爆震传感器安装于发动机缸体上，感知发动机爆燃情况，将信号反馈给控制单元，当发动机产生爆燃时，适当地减小点火提前角，防止发动机爆震燃烧，其外形如图4-20所示。

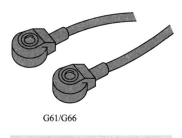

图4-20　爆震传感器

（2）图4-21所示为爆震传感器结构及工作原理图。

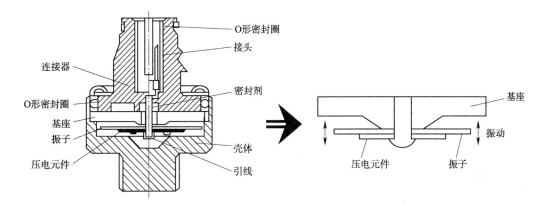

图4-21　爆震传感器结构及原理

基本技能

火花塞更换的准备工作及实施步骤如下。

1. 准备工作

(1)防护装备：工作服、工作帽、手套、劳保鞋等。
(2)车辆：整车、台架、总成等。
(3)手工工具：拆装工具一套。
(4)辅料材料：工作台、翼子板布和前格栅布、防护三件套、抹布、手套、白板笔等。
(5)在表4-1中填写本任务所需要使用的工具，如图4-22所示。

工、量具名称及型号　　　　　表4-1

名　　称	型　　号

图4-22 更换火花塞所用主要工具

2. 实施步骤

1）火花塞的拆卸

（1）车辆信息登记（表4-2）。

车辆信息登记　　　　　　　　　表4-2

车辆信息	车辆识别代码	
	发动机型号	

注意：更换前，车辆要熄火冷却一定的时间之后再开始更换。

（2）安装防护三件套（座椅套、转向盘套、换挡杆套），如图4-23所示。（本次拆装的是别克威朗轿车火花塞）

 小提示

打开车门时，打开车门的手不能拿有硬物，以免刮花车身漆面。

（3）释放发动机舱盖释放杆。

（4）打开发动机舱盖，用支撑杆顶起发动机舱盖，如图4-24所示。

（5）安装翼子板布和前格栅布，如图4-24所示。

图4-23 安装防护三件套　　　　图4-24 安装翼子板布和前格栅布

 小提示

在安装翼子板布和前格栅布时，注意不要将磁铁放在灯罩之类的非磁性物质上面，以防止其掉落。

(6)拆卸发动机防护罩螺栓,如图 4-25 所示,拆卸机油加注口盖,如图 4-26 所示。

图 4-25　拆卸发动机防护罩螺栓

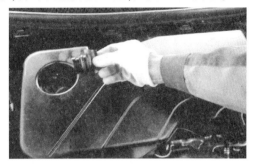

图 4-26　拆卸机油加注口盖

(7)取下发动机防护罩螺栓,取下防护罩后就能看到点火线圈,如图 4-27 所示。

(8)断开 4 个缸点火线圈电气连接器插头,如图 4-28 所示,注意不要损坏连接器插头。

图 4-27　取下防护罩后

图 4-28　断开 4 个缸连接器插头

(9)按顺序拆卸点火线圈紧固螺栓,如图 4-29 所示。

(10)取下点火线圈,取的时候边晃动轻拧着边往上拨,不要用力过猛,如图 4-30 所示。

图 4-29　拆卸点火线圈螺栓

图 4-30　取下点火线圈

(11)观察火花塞周围有无污物,如果有,清除污物。

注意:整个操作的清洁情况,一定擦除点火线圈周围的灰尘油污,如果进入燃烧室内,会产生严重不良影响。

(12)拆火花塞,利用火花塞套筒拆卸火花塞,如图 4-31 所示。(如果火花塞套筒没有

磁性无法取出时,可以用点火线圈连接杆插入火花塞取出)

图4-31 拆火花塞

注意:拧所有螺栓的时候,要力度均匀、直上直下,以免破坏螺栓。

(13)用新火花塞和旧火花塞进行对比检查,火花塞使用后出现的一些损坏形式如图4-32所示。

图4-32 火花塞常见损伤形式

①查接线柱是否损坏。
②检查绝缘体是否击穿或有炭痕、炭黑。
③检查绝缘体有无裂纹。

2)安装火花塞

火花塞的安装顺序按照拆卸的相反顺序进行完成。下面介绍一些注意的步骤:

(1)火花塞安装时,应该把火花塞固定(磁性套筒或使用双面胶)在套筒上再把火花塞塞回原处安装。禁止把火花塞直接从安装孔放下,高度落差可能导致侧电极变形从而导致间隙变小,导致提前跳火影响发动机平顺性。

如果有条件,可以在新的火花塞螺纹上涂适量"螺纹防卡剂"再安装火花塞,如图4-33所示。

(2)用手拧连接杆使火花塞螺纹拧紧,避免直接使用扳手拧紧,先带上几丝螺纹后在进行拧紧。

(3)使用扭力扳手进行拧紧,拧紧力矩为17N·m。没有用扭力扳手拧紧,仅仅凭经验可以说很难能达到要求的力矩,如图4-34所示。

图4-33　涂抹螺纹防卡剂　　　　　图4-34　使用扭力扳手拧紧火花塞

(4)安装点火线圈,拧紧点火线圈的紧固螺栓,拧紧力矩为10N·m。
(5)连接点火线圈线路连接器。
(6)连接蓄电池负极,并且保证连接可靠,没有虚接情况。
(7)用解码器读取发动机故障码,看是否有故障码,清除故障码,再次读取故障码,无码正常。
(8)整理整顿工具设备。

注意整个操作的清洁情况,一定擦除点火线圈周围的灰尘油污,如果进入燃烧室内,会产生严重不良影响,尽量戴上手套操作。

安装完毕后整理、清理工量具,做好场地和车辆的清洁卫生。

 学习拓展

1. 火花塞陶瓷变黄

火花塞陶瓷变黄,在汽修行业的经典谣言就是火花塞漏气,而实际上这种黄色、茶色的污垢称为电晕。电晕不影响火花塞性能,和火花塞的使用寿命没有直接联系,电晕不作为火花塞是否要更换的评价依据。

1)火花塞电晕

火花塞电晕是由于火花塞内部的中心电极导通的是高压电,高压电对飘浮在空气中油粒子有吸附作用,吸附在白色绝缘体的表面,如图4-35所示。

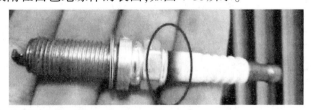

图4-35　火花塞电晕

2)电晕的油粒子从何而来

发动机汽缸盖中遍布着机油,机油起到散热和润滑作用,汽缸盖和气门室盖中间通常有橡胶密封圈,称为气门室垫。随着发动机的工作,气门室垫老化密封性变差,机油的蒸气颗粒会发散到火花塞孔中,如图4-36箭头所示,吸附在火花塞白色绝缘体的表面,形成电晕。

图4-36　蒸气颗粒发散到火花塞孔中

气门室垫老化到一定程度后机油漏入火花塞孔,就会让火花塞浸油,让点火线圈(缸线)浸油,这就会影响火花塞的正常工作了,如图4-37所示。

图4-37　火花塞浸油

2. 火花塞漏气

国家标准《火花塞中》(GB 7825—1987)规定火花塞的热态密封性能:当火花塞电极周围空气介质温度为190～220℃、气压差为$41.2 \times 10^5 Pa(42kg/cm^2)$时,并经保温4～5min,火花塞各部位的总漏气量应不超过5mL/min。也就是说,火花塞在工作时,每分钟不可以超过5mL的漏气量,视为合格。

火花塞的本身是否漏气,没有专业设备科学测试,是无法得知的。通常来说,所有正规厂家的火花塞,都是合格的,极小的漏气量,我们都可以认为不漏气。

注意:安装火花塞时,安装不紧造成的人为漏气。

在安装火花塞时,如果没有按照厂家规定的标准力矩拧紧,就会产生真正意义上的漏气,高温高压的气体慢慢地泄漏而出,缸内的压力就随即变小。火花塞没拧紧的漏气,会造成发动机无力,怠速不稳,高速容易熄火,油耗增加,甚至发动机无法起动,严重导致火花塞故障、发动机损坏的严重后果。

如图4-38所示,特意将火花塞螺纹和缸盖螺纹之间的间隙表示的很大,特意为了表示漏气是如何造成的。

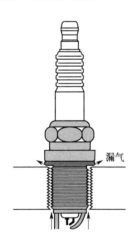

图4-38　火花塞漏气示意图

将大多数带垫片的火花塞以厂家规定的标准力矩拧紧,垫片自然会被压平,如图4-39所示。不带垫片的火花塞也需要拧紧,如图4-40所示。

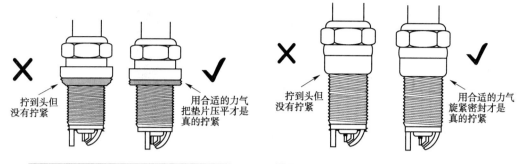

图4-39　带垫片的火花塞拧紧示意图　　　图4-40　不带垫片的火花塞拧紧示意图

学习小结

(1)点火系统的作用是将汽车的低压电变成高压电,按照汽油发动机工作的要求,适时送到点火缸的火花塞,击穿火花塞间隙产生电火花,点燃汽缸内的混合气,使发动机做功。

(2)按点火的控制方式不同,点火系统可分为传统点火系统、电子点火系统和微机控制点火系统。

(3)点火系统应能够产生足以击穿火花塞间隙的高压电。

(4)微机控制点火系统主要由各种传感器、微机控制单元、执行器、点火线圈、火花塞等组成。

(5)点火线圈的作用是将汽车低压电转变为15000～40000V的高压电,以满足火花塞跳火的需要。按铁芯形状不同可分为开磁路式和闭磁路式。

(6)火花塞由接线螺母、中央电极、搭铁电极、金属壳体和绝缘体等主要部件组成。

(7)按照热值高低来分,有冷型和热型。热型火花塞裙部长,传热距离长,散热慢;冷型火花塞裙部短,传热距离短,散热快。

(8)磁感应式曲轴位置传感器由永久磁铁、传感线圈和线束插头组成。

(9)爆震传感器安装于发动机缸体上,感知发动机爆燃情况,将信号反馈给控制单元,当发动机产生爆燃时,适当的减小点火提前角,防止发动机爆震燃烧。

(10)拧所有螺栓的时候,要力度均匀、直上直下,以免破坏螺栓。

(11)安装火花塞时,禁止把火花塞直接从安装孔放下,高度落差可能导致侧电极变形从而导致间隙变小,导致提前跳火影响发动机平顺性。

自我评估

1. 填空题

(1)按点火的控制方式不同,点火系统可分为＿＿＿＿、＿＿＿＿和＿＿＿＿。

(2)点火线圈的作用是将汽车低压电转变为＿＿＿＿的高压电,以满足火花塞跳火的需要。按铁芯形状不同可分为＿＿＿＿式和＿＿＿＿式。

(3)火花塞按照热值高低来分,有_____和_____。
(4)磁感应式曲轴位置传感器由_____、_____和_____组成。

2. 判断题

(1)轻微的爆燃可使发动机功率上升,油耗下降。　　　　　　　　　　(　)
(2)霍尔式点火发生器触发叶轮叶片与汽缸数相等。　　　　　　　　　(　)
(3)安装火花塞时,把火花塞直接从安装孔放下,再用火花塞套筒拧紧。(　)
(4)热型火花塞裙部短,传热距离短,散热慢。　　　　　　　　　　　(　)

3. 选择题

(1)拆装发动机火花塞应用(　　)。
　　A. 火花塞套筒　　　B. 套筒　　　C. 开口扳手　　　D. 梅花扳手
(2)能将汽车电源提供的12V低压电转变为能击穿火花塞电极间隙的高压电的是(　　)。
　　A. 点火线圈　　　B. 分电器　　　C. 点火开关　　　D. 高压线
(3)ECU根据(　　)信号对点火提前角实行反馈控制。
　　A. 冷却液温度传感器　　　　　B. 曲轴位置传感器
　　C. 爆震传感器　　　　　　　　D. 车速传感器
(4)Ne信号指发动机(　　)信号。
　　A. 凸轮轴转角　　　B. 车速传感器　　　C. 曲轴转角　　　D. 空调开关
(5)传统点火系统与电子点火系统最大的区别是(　　)。
　　A. 点火能量的提高　　　　　　B. 断电器触点被点火控制器取代
　　C. 曲轴位置传感器的应用　　　D. 点火线圈的改进

评价与反馈

1. 任务实施考核成绩评定(表4-3)

火花塞更换考核表　　　　　　　　　　　　　表4-3

考核项目及分值	考核内容及分值	评分标准	评分记录
准备工作 10分	清洁工量具及其工作台	(1)未清洁工量具,扣1分; (2)未清洁工作台,扣1分	
火花塞拆卸 40分	(1)记录车辆信息; (2)安装三件套、前格栅布和翼子板布; (3)拆卸发动机防护罩; (4)拆卸点火线圈; (5)拆卸火花塞; (6)火花塞外观检查	(1)操作方法错误,一次扣2分; (2)车辆信息记录错误,一次扣3分; (3)未安装三件套,一件扣2分; (4)未安装翼子板布和前格栅布,一件扣2分; (5)拆卸顺序错误,一次扣2分; (6)工具操作不当,一次扣2分; (7)工具、零件掉地,一次扣5分; (8)外观检查判断错误,一次扣3分	

续上表

考核项目及分值	考核内容及分值	评分标准	评分记录
火花塞安装 40 分	(1)安装火花塞； (2)安装点火线圈； (3)安装发动机防护罩	(1)操作方法错误,一次扣2分； (2)扭力扳手使用错误,一次扣2分； (3)拧紧力矩错误,每次扣3分； (4)安装顺序错误,一次扣2分； (5)工具、零件掉地,一次扣5分	
收尾工作 10 分	(1)清洁工具、量具、工作台； (2)工、量具应摆放整齐	(1)未清洁,一次扣1分； (2)未摆放整齐,一次扣1分	
考核时限	完成全部考核内容规定用时为20min	(1)超时每分钟扣5分； (2)超时5min即停止记分	

2. 任务过程评价与反馈(表4-4 和表4-5)

任务过程评价表(教师填写)　　　　　　　　　　　　　　　　　　　表4-4

考核项目	评分标准	分数	成绩	过程评价
劳动纪律	有无迟到、早退和旷工	5		
团队合作	是否和谐	5		
活动参与	是否精彩	5		
安全生产	有无安全隐患	10		
操作过程	是否正确、熟练	30		
任务质量	是否圆满完成	10		
工具、设备使用	是否规范、标准	10		
工作页填写	是否完整、规范	15		
现场5S	是否做到	10		
总分		100		

注：没有按照操作流程操作,出现人身伤害或设备严重事故,本任务考核结果为0分。

任务过程反馈表(学生填写)　　　　　　　　　　　　　　　　　　　表4-5

反馈内容	回答
你是否完成本学习任务,并得到老师的确认？	
你是否能准确有效地收集、分析和组织完成资料,正确地交流信息？	
你是否已经掌握预期的知识和必备的技能？	
你是否充分使用学习资源和按计划有组织地完成目标？	
操作完成水平： 上述表格中的项目应为肯定回答。若不是,应咨询老师。你可以要求附加相关活动,以便完成相关的操作技能。 教师签字：_____ 学生签字：_____ 完成日期：_____	

学习任务五　汽车照明信号系统结构与拆装

学习目标
1. 知识目标：(1) 知道汽车照明信号系统的结构；
　　　　　　(2) 知道汽车照明信号装置的拆装方法。
2. 技能目标：能够正确使用工具对汽车照明信号装置进行拆装。
3. 职业素质目标：(1) 培养学生安全操作意识；
　　　　　　　　(2) 培养学生按照5S标准进行实践；
　　　　　　　　(3) 培养学生团队协作和沟通能力。

任务描述

一辆轿车一个前照灯不亮，经技术人员分析，可能是前照灯灯泡损坏或前照灯线路有故障，需对汽车照明信号系统进行拆装检修。

基础知识

一、汽车照明信号系统的作用

汽车照明信号系统的作用是在夜间或能见度低的情况下，向驾驶人、乘客和交通管理人提供照明，对其他车辆和行人起提示及警告作用。

二、汽车照明信号系统的组成

汽车照明信号系统主要由灯具、电源和控制电路(包括控制开关)三部分组成。灯具分为照明用的灯具和信号及标志用的灯具，照明用的灯具有前照灯、防雾灯、尾灯、牌照灯、顶灯、仪表灯和工作灯。信号及标志用的灯具有转向信号灯、制动灯、小灯、尾灯、指示灯和警告灯等。除了灯光信号，信号装置还有声音信号装置，如电喇叭。汽车照明信号系统如图5-1所示。

学习任务五　汽车照明信号系统结构与拆装

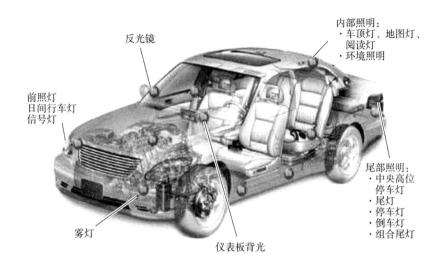

图 5-1　汽车照明信号系统的组成

三、主要汽车照明信号装置的结构

1. 前照灯

在照明设备中,前照灯具有特殊的光学性质,而其他灯在此方面无特殊要求,因此下面重点讨论前照灯。前照灯俗称大灯,安装于汽车头部的两侧,用于夜间或光线昏暗路面上汽车行驶时的照明。国家标准规定,机动车前照灯必须具备远光和近光两种照明方式,并可通过变光装置转换,当前照灯由远光变换为近光时,所有远光灯必须同时熄灭。

1) 对前照灯的基本要求

由于汽车前照灯的照明效果对夜间行车安全影响很大,故世界各国多以法律的形式规定了前照灯的照明标准,其基本要求主要有:前照灯应能保证车前有明亮而又均匀的照明,使驾驶人能够看清车前 200～250m 内路面上的物体;前照灯应具备防止炫目的功能,以避免夜间两车相会时,使对方驾驶人炫目而造成交通事故。

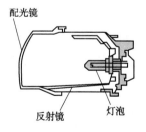

图 5-2　前照灯的组成

2) 前照灯的组成

前照灯的结构包括反射镜、配光镜和灯泡三部分,如图 5-2 所示。

(1) 反射镜。

反射镜又称反光镜,其作用是最大限度地将灯泡发出的光线聚合成强光束,以增加照射距离。反射镜一般成旋转抛物面状,内表面镀铬、铝或银,然后抛光,目前多采用真空镀铝。一般前照灯灯泡发出的亮度有限,若无反射镜,只能照明车前数米的距离。当有了反射镜,将灯丝置于焦点 F 上,灯丝大部分光线经反射成为平行光束射向远方,其距离可达 150m 或更远,如图 5-3 所示。

(2)配光镜。

配光镜又称散射玻璃,装于反射镜之前,可将反射光束扩散分配,使路段的照明更加均匀。有些国外汽车的配光镜上还设有调整凸块,以便调整前照灯光束分布曲线的形状。

(3)灯泡。

汽车前照灯的灯泡主要有白炽灯泡和卤素灯泡两种。将玻璃泡中的空气抽出,然后充入其他气体。若充入玻璃泡中的气体为惰性气体,即为白炽灯泡;若充入的是卤族元素(碘、氯、氟、溴)即为卤素灯泡,如图 5-4 所示。卤素灯泡与白炽灯泡相比较具有寿命长、亮度大的特点。卤素灯泡从外形上分 H1、H2、H3、H4 四种,其中 H4 为双丝灯泡,广泛用于前照灯,H1、H2、H3 灯泡为单丝灯泡,常用于辅助前照灯(如雾灯等)。

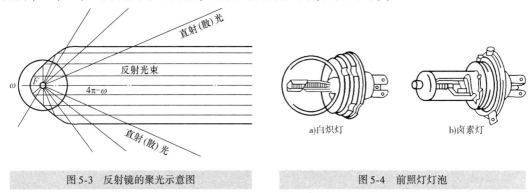

图 5-3　反射镜的聚光示意图　　　　图 5-4　前照灯灯泡

3)防炫目措施

近光灯防炫目措施主要有以下四个方面。

(1)夜间两车相会互闭远光灯。

我国交通法规规定,夜间会车时,须在距对面来车 150m 以外互闭远光灯,改用防炫目近光灯。

(2)采用双丝灯泡。

前照灯一般采用双丝灯泡,一个灯丝为远光灯丝,位于反射镜的焦点位置,射出的光线远而亮;另一个灯丝为近光灯丝,位于反射镜焦点的上方或前方并稍向右偏斜,经反射后光线大部分向下倾斜,从而减少了对迎面来车驾驶人的炫目作用,如图 5-5 所示,前照灯近光的此种配光形式称为对称形配光。

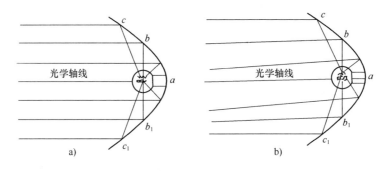

图 5-5　对称形配光前照灯的工作情况

(3)近光灯丝下加装配光屏。

在近光灯丝下加装配光屏(遮光罩),当接通近光灯时,配光屏能将近光灯丝下部分的光线完全遮住,消除了向上的反射光线;而接通远光灯丝时,配光屏不起作用。配光屏在安装时偏转一定的角度,使其近光的光形分布不对称,形成一条明显的明暗截止线,前照灯近光的此种配光形式称为E形非对称形配光,如图5-6所示。由于此种前照灯防炫目效果好,目前灯泡绝大部分采用这种结构形式。

(4)采用非对称光形。

非对称光形其近光光形如图5-7所示,明暗截止线呈E、Z字形两种。此种光形能使对面来车驾驶人和非机动车人员都不炫目,提高了夜间行车的安全性。

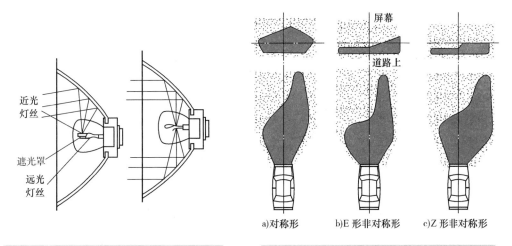

图5-6 具有配光屏的双丝灯泡的工作情况

图5-7 前照灯的配光光形

a)对称形 b)E形非对称形 c)Z形非对称形

为确保正确的配光光形,必须保证灯泡安装的正确位置,为此将灯泡的插头制成插片式,如图5-8所示,用插头凸缘上的半圆形开口与灯头上的半圆形凸起配合定位。另外,为保证可靠连接,三个插片呈不均匀分布。

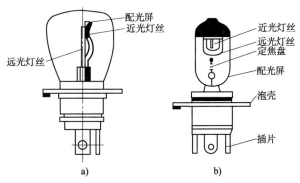

图5-8 前照灯灯泡插头

4)前照灯的分类

前照灯按装车灯数目不同,可分两灯制和四灯制,两灯制前照灯均采用双丝灯泡,为远、近双光束灯;四灯制的前照灯装于外侧的一对使用双丝灯泡,为双光束灯,装于内侧的一对为远光单光束灯。

前照灯灯具按结构又可分为半封闭式前照灯、封闭式前照灯、投射式前照灯和高亮度弧光灯。

(1) 半封闭式前照灯。

半封闭式(可拆式)前照灯的结构如图5-9所示,其灯泡拆卸只可从反射镜的后方进行。更换时,先拔下灯泡上的插座,取下密封罩、卡簧,即可取下灯泡。

(2) 封闭式前照灯。

封闭式前照灯又称真空灯,其灯丝焊在反射镜底座上,反射镜与配光镜熔合为一体,形成灯泡,里面充入惰性气体,如图5-10所示。

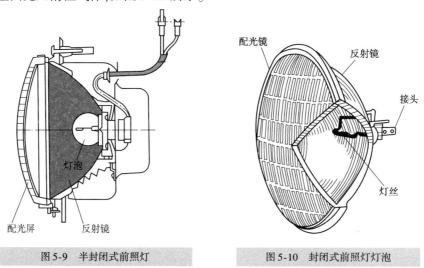

图5-9 半封闭式前照灯　　　　图5-10 封闭式前照灯灯泡

当封闭式前照灯灯丝烧坏后,需要更换整个灯芯总成。更换时,先拔下灯脚与线束连接的插座,然后拆下灯圈,如图5-11所示。安装灯芯时,应注意配光镜上的标记(箭头或字符),不应出现倒置或偏斜现象。

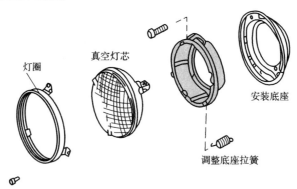

图5-11 封闭式前照灯的更换

(3) 投射式前照灯。

投射式前照灯装用很厚的无刻纹的凸形配光镜,反射镜为椭圆形,所以其外径很小,其结构如图5-12所示。

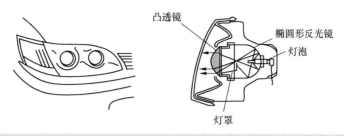

图5-12 投射式前照灯的结构

由于投射式前照灯的反射镜近似于椭圆形状,它具有两个焦点。第一个焦点处放置灯泡,光束经反射会聚至第二个焦点。凸形配光镜的焦点与第二焦点相重合。灯泡发出的光通过配光镜投射到远方。投射式前照灯,使用的光源一般为卤素灯泡。

在第二焦点附近设有遮光板,可用于遮住投向上半部分的光,形成明暗分明的配光。它的这种配光特性可适用于前照灯近、远光灯,也可用作雾灯。

采用投射式前照灯,可利用的光束增多,若将反射镜做成扁长断面,很多光束便可横向扩散,不仅结构紧凑,而且经济实用。

(4)高亮度弧光灯。

高亮度弧光灯又称氙灯,其结构如图5-13所示,目前奔驰E级车、宝马7系列、丰田雷克萨斯、本田阿库拉等高档车都使用了这种新型前照灯。这种灯的灯泡里没有传统的灯丝,取而代之的是装在石英管内的两个电极,管内充有氙及微量金属(或金属卤化物)。

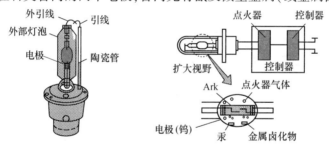

图5-13 高亮度弧光灯

当在电极上有足够的引弧电压时(5000~12000V),气体开始电离而导电。此时,气体原子处于激发状态,由于电子发生能级跃迁而开始发光;0.1s后,电极间蒸发了少量汞蒸气,电源立即转入汞蒸气弧光放电,待温度上升后再转入卤化物弧光灯工作。采用多种气体是为了易于起动,加快起动。

弧光放电前照灯由弧光灯组件、电子控制器和升压器组成。其灯泡发出的光色成分和荧光灯非常相似,其亮度是目前卤素灯泡的2.5倍,寿命可达卤素灯泡的5倍。由于灯泡点燃达到灯泡正常工作温度后,维持电弧放电的功耗很低(约35W),故可节约40%的电能。

5)前照灯电路

前照灯电路主要由灯光开关、变光开关、前照灯继电器及前照灯组成。

(1)灯光开关。

灯光开关的形式有拉钮式、旋转式和组合式等多种,现代汽车上用得较多的是将前照灯、尾灯、转向灯及变光等开关制成一体的组合式开关,如图5-14所示。

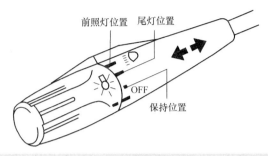

图 5-14 组合开关

通过转动上下、前后操纵开关便可依次接通尾灯、前位灯、前照灯、左右转向灯,而且也能实现近光与远光的相互转换。

(2)变光开关。

变光开关又称变光器,其作用是根据汽车行驶的需要,变换近光和远光。变光开关分组合开关和脚踏变光开关两种。目前车辆上多采用组合开关式变光开关,脚踏变光开关已不多用。

(3)前照灯继电器。

前照灯的工作电流较大,特别是四灯制的汽车,如用车灯开关直接控制前照灯,车灯开关易烧坏,因此在灯光电路中设有灯光继电器。图 5-15 所示为触点常开式前照灯继电器的结构和引线端子,端子 SW 与前照灯开关相连,端子 E 搭铁,端子 B 与电源相连,端子 L 与变光开关相连。当接通前照灯开关后,继电器线圈通电,触点闭合,通过变光开关向前照灯供电。

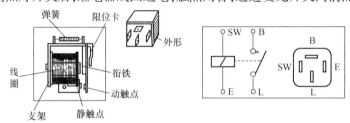

图 5-15 前照灯继电器

2. 信号系统

信号系统主要用于向他人或其他车辆发出警告和示意的信号,如图 5-16 所示,其主要的信号设备有:位灯、示廓灯、挂车标志灯、转向信号灯、制动信号灯、倒车灯、危险警告灯、驻车灯。

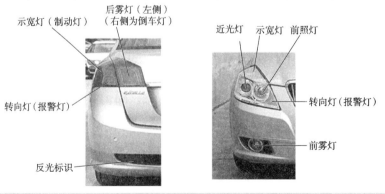

图 5-16 信号系统

位灯：又称小灯，装于汽车前后部两侧，以示意其轮廓和存在。前位灯又称示宽灯，一般为白色或黄色，后位灯又称尾灯，为红色。

示廓灯：主要用于空载车高3.0m以上的客车和厢式货车，前后各两只，前面为白色，后面为红色，装于尽可能高的靠边缘的部位。

挂车标志灯：全挂车在挂车前部的左右，各安装一个红色的标志灯，其高度要求高出全挂车的前栏板300～400mm，距外侧车厢小于150mm，以引起其他驾驶人的注意。

国家标准规定，汽车的位灯、示廓灯、牌照灯、仪表灯及挂车标志灯应能同时启灭，当前照灯点亮时，这些灯必须点亮，当前照灯关闭和发动机熄火时仍能点亮。

转向信号灯：又称转向灯，装于汽车的四个角，对于车身较长的车辆，其中部也装有转向信号灯。转向信号灯一般为橙色，当汽车转向或变更车道时，发出明暗相间的灯光，示意本车的行驶方向。目前很多汽车前转向灯和前位灯共用一个双丝灯泡，其中功率较大的灯丝用于转向信号灯，功率较小的用于位灯；后转向灯和后位灯共用一个双丝灯泡，其中功率较大的灯丝用于转向信号灯，功率较小的用于位灯。

制动信号灯：又称刹车灯，装于汽车后面，一般为红色。当踩下汽车制动踏板时，制动信号灯电路被接通，警告后面的车辆及行人，近年小型车辆要求装配高位制动信号灯。

倒车灯：当汽车挂上倒挡时，倒车灯开关接通倒车灯电路，装于车后面的白色倒车灯点亮，警告后面的车辆及行人，兼起照明作用；有些车还装配了倒车蜂鸣器或语音警告装置，在倒车的同时发出声响信号，示意汽车倒车。目前，多将前照灯、雾灯、前位灯等组合起来，称为组合前灯；将后位灯、后转向信号灯、制动信号灯、倒车灯组合起来称为组合后灯。

危险警告灯：由转向信号灯兼任。当汽车发生故障或遇有特殊情况时，按下标有△的红色按钮，此时汽车两侧的转向信号灯同时闪烁作为危险警告灯信号。国家标准规定，危险警告灯装置不受电源总开关的控制。

驻车灯：装于车头和车尾两侧，用于夜间停车时标志车辆形位。当接通驻车灯开关时，仪表照明灯、牌照灯并不亮，耗电量比位灯小。

汽车信号系统主要用于向外界传递信息，它们与照明系统一起组成了汽车灯系。现代车中还有阅读灯、踏步灯、后照灯、行李灯等装置，警车、消防车、救护车和出租车等特殊类型车辆，在车顶部装有警示灯（或标志灯），在此不做一一赘述。

除前照灯（雾灯）灯泡特殊外，常用照明灯和信号灯的灯泡种类较多，按玻璃体形状可分为圆锥形、球形、柱形、楔形四种，如图5-17所示。其中，圆锥形灯泡有单丝和双丝之分。双丝灯泡按插口销钉位置又可分为平脚和高低脚两种。

喇叭：汽车在行驶时，按下喇叭按钮，发出声响，警告行人和车辆，以确保行车安全。

1）转向信号灯及危险警告灯装置

当汽车要转向时，需接通左侧或右侧转向信号灯；当遇有特别情况时，所有转向信号灯应同时闪烁，作为危险警告信号。以提醒行人和别车的驾驶人。其组成如图5-18所示，主要包括开关、信号灯和闪光器，其中闪光器是主要器件。

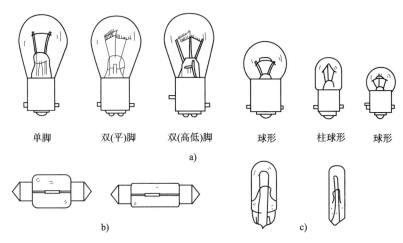

图 5-17 灯泡形状

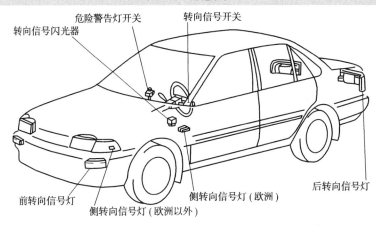

图 5-18 转向信号灯的组成

闪光器是使转向信号灯按一定时间间隔闪烁的器件。目前,使用的闪光器主要有电热式、电容式、电子式。由于电子闪光器具有性能稳定、可靠性高、寿命长的特点,已获得广泛应用。

电子闪光器可分为触点式(带继电器)和无触点式(不带继电器),不带继电器的电子闪光器又称全电子闪光器。

(1) 带继电器触点式晶体管闪光器。

如图 5-19 所示,当接通电源开关和转向灯开关后,主线路为蓄电池"+"极→电源开关 SW→接线柱 B→R_1→继电器 J 的触点→接线柱 S→转向开关→转向灯及转向指示灯(左或右)→搭铁→蓄电池"-"极。当继电器 J 的触点闭合时,转向灯亮,触点断开时,转向灯灭,而触点的闭合与否取决于晶体管的导通状况,电容 C 的充放电使晶体管反复导通截止,这样触点也就时通时断,使转向信号灯闪烁发光。

(2) 不带继电器无触点式晶体管闪光器。

无触点晶体管闪光器又称全电子式闪光器,即把触点式晶体管闪光器中的继电器去掉,采用大功率晶体管来取代原来的继电器,如图 5-20 所示。本闪光器电路的振荡部分实际上是一个典型的非稳态多谐振荡器,其电路结构对称,也就是说,$R_1 = R_4$、$R_2 = R_3$、$C_1 = C_2$,VT_1 与 VT_2 为同型号的晶体管,且其参数相同。闪光器的输出级采用一只大功率晶体管 VT_3。当 VT_3 导通时,可将转向灯电路接通,使灯点亮;当 VT_3 截止时,转向灯电路被切断而使灯变暗,从而发出频率为 70~90 次/min 的闪光信号。

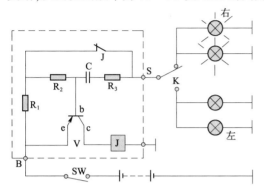

图 5-19 带继电器触点式晶体管闪光器电路

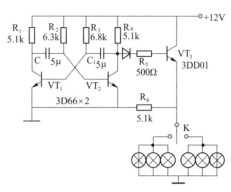

图 5-20 不带继电器无触点式晶体管闪光器电路

2)制动信号灯

制动信号灯安装在车辆尾部,当汽车制动时通知后面行人或车辆该车正在制动。制动信号灯由制动开关控制,按控制的方式不同可分为气压式、液压式和机械式三种。其中气压式和液压式制动开关一般装于制动管路中,工作情况都是利用气压或液压使开关中两接柱相连,从而导通制动信号灯电路,这两种开关经常在载货货车上使用。小型轿车经常使用机械式开关,一般安装于制动踏板下方,当踩下制动踏板时,制动开关内的活动触点便将两接线柱接通,使制动灯点亮;当松开制动踏板后,断开制动灯电路。

3)倒车灯与倒车蜂鸣器

倒车灯安装于车辆尾部,给驾驶人提供额外照明,使其能够在夜间倒车时看清车的后部,也警告后面车辆,该车驾驶人想要倒车或正在倒车。当点火开关接通变速器换至倒车挡时,倒车灯点亮。倒车开关装在变速器盖上,为了提醒后面行人或车辆注意,有些车上装有倒车蜂鸣器。

4)喇叭和喇叭继电器

喇叭是用来警告行人和其他车辆以引起注意,保证行车安全的,按其发音动力有电喇叭和气喇叭之分。气喇叭主要用于具有空气制动装置的重型载货汽车上,电喇叭主要用于中小型车辆中。电喇叭又分为普通电喇叭和电子电喇叭。

(1)普通电喇叭。

下面以盆形电喇叭为例,介绍普通电喇叭工作情况,如图 5-21 所示。按下喇叭按钮时,电流从蓄电池"+"极→线圈→触点→喇叭按钮→搭铁→蓄电池"-"极构成回路。电流流经线圈时产生电磁吸

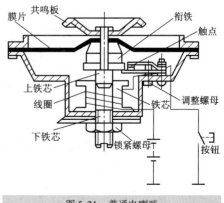

图 5-21 普通电喇叭

力,向下吸上铁芯,上铁芯下移,与下铁芯(音调调整螺栓)碰撞,同时使触点断开,使线圈断电,电磁吸力消失,膜片带动上铁芯回位,使触点再次闭合,如此往复。其频率激励与膜片一体的共鸣盘产生共鸣,从而发出谐音。

(2)电子电喇叭。

电子电喇叭主要由多谐振荡器和功率放大器组成,图5-22所示为电子电喇叭的结构,其电路如图5-23所示。

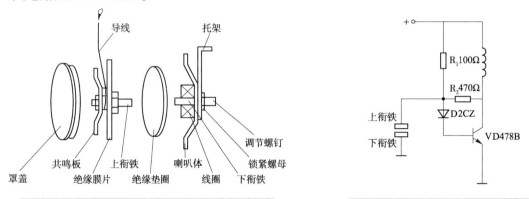

图5-22　电子电喇叭　　　　　　　图5-23　WDL-120G型电子电喇叭电路

(3)喇叭继电器。

由于现代汽车大多装有双喇叭,消耗电流较大,为保护喇叭触点不被烧蚀,通常在喇叭电路中设有继电器,喇叭按钮只有小电流通过,用以控制喇叭继电器,而供喇叭的大电流只流经喇叭继电器,不流经喇叭按钮。

 基本技能

汽车照明信号装置拆装的准备工作及实施步骤如下。

1. 准备工作

(1)防护装备:工作服、工作帽、手套、劳保鞋。

(2)车辆:整车、台架、总成等。

(3)手工工具:拆装工具一套。

(4)辅料材料:工作台、翼子板布和前格栅布、防护三件套、抹布、手套、白板笔等。

(5)在表5-1中填写本任务中要使用的主要工具,如图5-24所示。

工、量具名称及型号　　　　　　表5-1

名　　　称	型　　　号

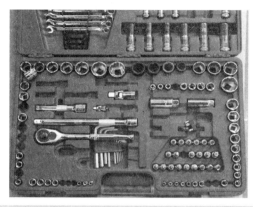 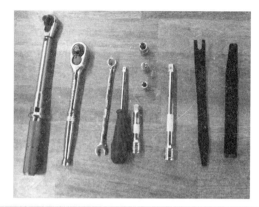

图 5-24　车灯有关拆装工具

2. 实施步骤

在拆卸汽车照明信号系统部件前,应确认点火开关关闭。然后打开通用别克威朗汽车行李舱,断开蓄电池电缆,如图 5-25 所示。

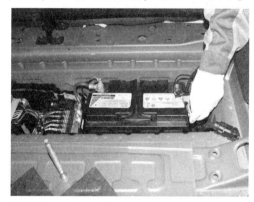 

图 5-25　断开蓄电池电缆

1）前保险杠蒙皮的拆卸（本次拆装使用的车辆是别克威朗）

（1）举升和顶起车辆,如图 5-26 所示。

图 5-26　举升和顶起车辆

（2）拆下前保险杠蒙皮上、下固定螺栓,如图 5-27 所示。

图5-27 拆下前保险杠蒙皮固定螺栓

(3) 小心将前保险杠蒙皮向外拉出，并使用塑料工具将固定凸舌从前保险杠蒙皮外导板上松开。拆卸蒙皮时要小心。若强行用力，则蒙皮可能被扯破，如图5-28所示。

图5-28 拆下前保险杠蒙皮

2) 汽车照明信号灯总成的就车拆装

(1) 汽车前照明信号灯总成的就车拆装。

① 找到汽车前照明信号灯总成的位置，断开前照明信号灯总成的电气连接器，如图5-29所示。

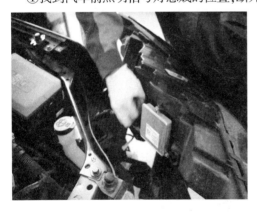

图5-29 断开前照明信号灯总成的电气连接器

②拆下前照明信号灯总成上、下及侧面固定螺栓,如图 5-30 所示。

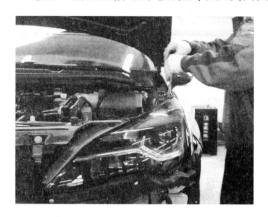

图 5-30　拆下前照明信号灯总成固定螺栓

③取下前照明信号灯总成,注意拆塑料固定扣时,应采用专用塑料翘片工具,如图 5-31 所示。

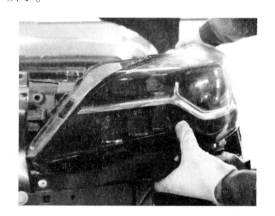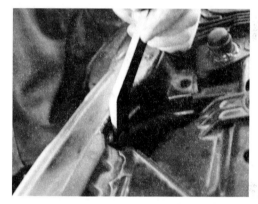

图 5-31　取下前照明信号灯总成

 小提示

汽车右侧前照明信号灯总成的就车拆卸与左侧前照明信号灯总成的就车拆卸操作方法一致。

(2)汽车前照明信号灯总成的就车安装。

汽车前照明信号灯总成的具体类型不同,具体装复的步骤不可能完全相同,但基本原则是按拆卸时的相反步骤进行。前照灯有关紧固件的螺栓规定力矩为:2.5N·m。

3)汽车后组合灯总成的就车拆装

(1)行李舱盖内板装饰件拆卸,如图 5-32 所示。

(2)找到汽车后组合灯具总成的位置,断开总成的电气连接器,如图 5-33 所示。

(3)拆下汽车后组合灯具总成,如图 5-34 所示。

图 5-32　行李舱盖内板装饰件拆卸

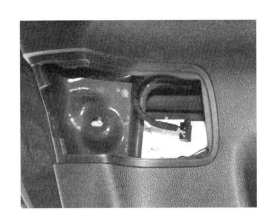
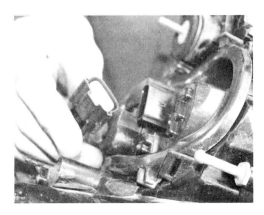

图 5-33　断开后组合灯具总成电气连接器

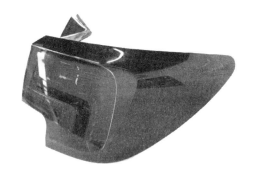

图 5-34　拆下汽车后组合灯具总成

4）汽车喇叭的就车拆装

（1）找到汽车喇叭的位置，断开电气连接器，如图 5-35 所示。

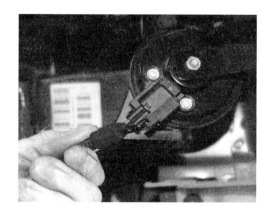
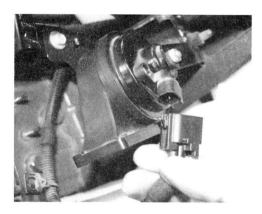

图5-35　断开喇叭电气连接器

（2）拆下汽车喇叭总成，如图5-36所示。

图5-36　拆下汽车喇叭总成

（3）汽车喇叭就车安装，基本原则是按拆卸时的相反步骤进行。喇叭螺母规定的紧固力矩为：17N·m。

5）汽车照明信号总成的分解

汽车照明信号总成解体前应清洁外部的油污和灰尘，然后按步骤进行解体。各总成的拆装过程必须按照规定的步骤进行，绝不能毫无规律地乱拆和乱装，特别是解体作业。但汽车照明信号系统有许多规定不能解体的小总成，只需整体检查，无须总成分解，以免损坏。

 小提示

（1）拆下的零部件（或小总成）要按先后顺序排列好（平垫和弹簧垫可串在螺杆上，再拧上螺母），以免装配时出现差错和遗漏，还要特别注意小件不能丢失。

（2）在拆装过程中，要避免用锤子、大活动扳手等工具敲击，以免零部件损伤。

学习拓展

可缩回式前照灯装置主要由灯光控制开关、变光开关、前照灯缩回装置控制继电器和前照灯缩回装置电动机四部分组成。前照灯缩回装置控制继电器由一块 IC 集成电路和两个继电器构成。两个内置继电器分别控制两个缩回装置电动机的电流,晶体管分别控制这两个继电器。可缩回式前照灯装置如图 5-37 所示。

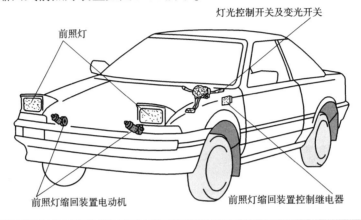

图 5-37 可缩回式前照灯装置的组成

前照灯缩回装置电动机通过曲柄连杆机构完成前照灯的上升和下降。连杆和曲柄装于前照灯和电动机之间,如图 5-38 所示。当前照灯升到上限时,前照灯支撑片与前照灯支架上的止动器接触,确保前照灯光轴处于正确位置。

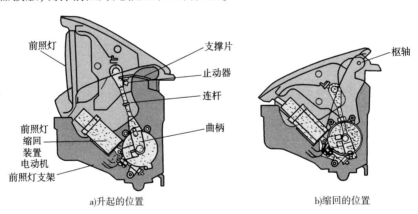

图 5-38 可缩回式前照灯的曲柄连杆机构

前照灯缩回装置电动机的结构如图 5-39 所示,电动机有电流经过,带动蜗轮转动,蜗轮通过齿轮带动曲柄轴转动,使前照灯升起或缩回,每个缩回装置电动机中都装有由一个凸轮板和两对触点构成的限位开关,该限位开关可使缩回装置的电动机停止运转,同时还与 IC 一起控制两个晶体管的通断,即前照灯缩回装置继电器内的内置继电器。限位开关有两对触点(A、B 和 A、C),前照灯升起时,A 和 C 连接;降下时,A 和 B 连接。

学习任务五　汽车照明信号系统结构与拆装

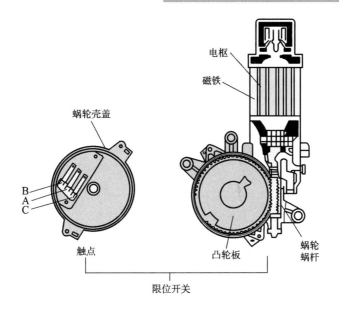

图 5-39　可缩回式前照灯的电动机及限位开关

 学习小结

（1）汽车照明信号系统的作用是在夜间或能见度低的情况下，向驾驶人、乘客和交通管理人提供照明，对其他车辆和行人起提示及警告作用。

（2）现在汽车上照明信号系统主要由灯具、电源和控制电路（包括控制开关）三部分组成。

（3）灯具分为照明用的灯具和信号及标志用的灯具，照明用的灯具有前照灯、防雾灯、尾灯、牌照灯、顶灯、仪表灯和工作灯。信号及标志用的灯具有转向信号灯、制动灯、小灯、尾灯、指示灯和警告灯等。除了灯光信号，信号装置还有声音信号装置，如电喇叭。

（4）典型汽车照明信号装置的拆装流程。

 自我评估

1. 填空题

（1）现在汽车上常用照明用的灯具有_____、_____、_____和_____等。

（2）信号及标志用的灯具有_____、_____、_____和_____等。

（3）除了灯光信号，信号装置还有声音信号装置，如_____。

2. 判断题

（1）汽车前雾灯灯光色一般为红色。　　　　　　　　　　　　　　　　（　　）

（2）在夜间行车时，仪表照明灯和牌照灯处于常明状态。　　　　　　　（　　）

（3）转向灯灯光是红色。　　　　　　　　　　　　　　　　　　　　　（　　）

3. 选择题

(1) 以下汽车灯光不是红色的是( )。

  A. 制动灯   B. 转向灯   C. 小灯   D. 报警指示灯

(2) 控制转向灯闪光频率的元件是( )。

  A. 灯光开关 B. 变光开关 C. 闪光器 D. 前照灯继电器

评价与反馈

1. 任务实施考核成绩评定（表5-2）

照明信号装置总成拆装考核表 表5-2

考核项目及分值	考核内容及分值	评 分 标 准	评分记录
准备工作 10分	清洁工量具及其工作台	(1) 未清洁工量具，扣1分； (2) 未清洁工作台，扣1分	
照明信号装置 总成拆卸 40分	(1) 记录车辆信息； (2) 安装前格栅布和翼子板布； (3) 断开蓄电池负极； (4) 安装车内三件套； (5) 拆卸照明信号装置总成	(1) 车辆信息记录错误，一次扣3分； (2) 未安装翼子板布和前格栅布，一件扣2分； (3) 拆卸顺序错误，一次扣2分； (4) 工具操作不当，一次扣2分； (5) 操作方法错误，一次扣2分； (6) 工具、零件掉地，一次扣5分	
照明信号装置 总成安装 40分	(1) 安装照明信号装置总成； (2) 安全下降车辆； (3) 通电连接	(1) 操作方法错误，一次扣2分； (2) 扭力扳手使用错误，一次扣2分； (3) 拧紧力矩错误，每次扣3分； (4) 安装顺序错误，一次扣2分； (5) 工具、零件掉地，一次扣5分	
收尾工作 10分	(1) 清洁工具、工作台； (2) 工具应摆放整齐	(1) 未清洁，一次扣1分； (2) 未摆放整齐，一次扣1分	
考核时限	完成全部考核内容规定用时为20min	(1) 超时每分钟扣5分； (2) 超时5min即停止记分	

2. 任务过程评价与反馈（表5-3和表5-4）

任务过程评价表（教师填写） 表5-3

考核项目	评分标准	分数	成绩	过程评价
劳动纪律	有无迟到、早退和旷工	5		
团队合作	是否和谐	5		
活动参与	是否精彩	5		
安全生产	有无安全隐患	10		

续上表

考核项目	评分标准	分数	成绩	过程评价
操作过程	是否正确、熟练	30		
任务质量	是否圆满完成	10		
工具、设备使用	是否规范、标准	10		
工作页填写	是否完整、规范	15		
现场5S	是否做到	10		
总分		100		

注：没有按照操作流程操作，出现人身伤害或设备严重事故，本任务考核结果为0分。

任务过程反馈表（学生填写） 表5-4

反馈内容	回答
你是否完成本学习任务，并得到老师的确认？	
你是否能准确有效地收集、分析和组织完成资料，正确地交流信息？	
你是否已经掌握预期的知识和必备的技能？	
你是否充分使用学习资源和按计划有组织地完成目标？	
操作完成水平： 上述表格中的项目应为肯定回答。若不是，应咨询老师。你可以要求附加相关活动，以便完成相关的操作技能。 教师签字：_____ 学生签字：_____ 完成日期：_____	

学习任务六 汽车仪表系统结构与拆装

学习目标
1. 知识目标：(1) 知道汽车仪表系统的结构；
           (2) 知道汽车仪表装置的拆装方法。
2. 技能目标：能够正确使用工具对汽车仪表装置进行拆装。
3. 职业素质目标：(1) 培养学生安全操作意识；
               (2) 培养学生按照5S标准进行实践；
               (3) 培养学生团队协作和沟通能力。

任务描述

一辆轿车燃油表不工作，经技术人员分析，认为是电气线路有故障或燃油表故障，需对汽车仪表进行拆装检修。

基础知识

一、汽车仪表系统的作用

为了使驾驶人随时掌握车辆的各种状况，并及时发现和排除潜在的故障，汽车上在驾驶人座位前方的仪表板上装有各种测量仪表。一般计量、测量仪表及报警指示灯在仪表板上的布置如图6-1所示。

由于传统的仪表为驾驶人提供的数据信息已远远不能满足现代汽车新技术的发展要求，所以电子显示组合仪表逐渐成为汽车仪表发展的主流。如图6-2所示，它相对于传统仪表具有易于辨认、精确度高、可靠性好及显示模式的自由化等优点。

二、主要汽车仪表装置的结构

1. 常规仪表

1）机油压力表及传感器

发动机内的机油压力由机油压力表显示。机油压力表是一种双金属片型的仪表，一般安装在主油道或机油泵上,其结构如图 6-3 所示。

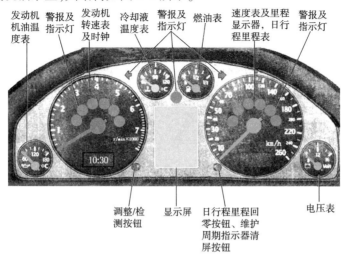

图 6-1　仪表板总成

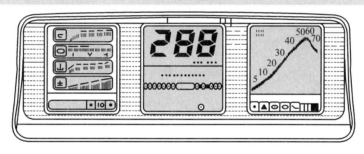

图 6-2　电子显示组合仪表板

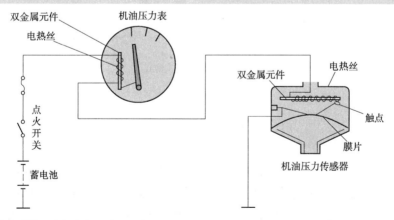

图 6-3　机油压力表电路

2)燃油表及传感器

燃油表是用来显示油箱中的剩余燃油量的,燃油表主要采用双金属片电热丝型指示表。

燃油表与机油压力表类似,也装有一个双金属片元件,当电热丝发热时发生变形,带动表针摆动一定的角度以显示油量,如图 6-4 所示。流经电热丝电流大小取决于传感器中浮子式滑线电阻器浮子的位置,如图6-5所示,该变阻器的输出阻值依赖于浮子的位置,当油量多时,浮子的位置高,电阻值小,输出电流大,当油量少时,浮子位置低,电阻值大,输出电流小。

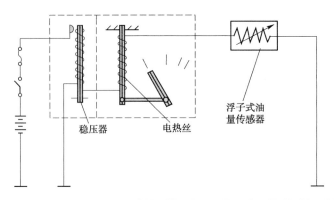

图6-4 双金属片电阻型燃油表

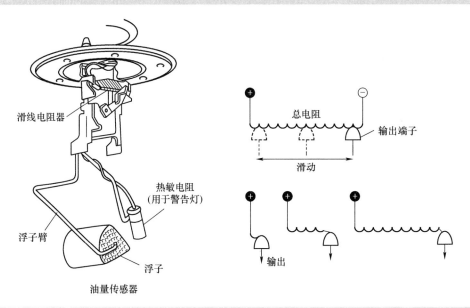

图6-5 燃油表中传感器浮子滑线电阻

蓄电池电压的波动会对双金属片型仪表产生影响,从而造成仪表示值误差。为了避免发生这种误差,燃油表内装置了双金属片型稳压器,使电压保持在恒定(约7V)。

稳压器由带触点的双金属片元件和电热丝组成。稳压器的原理如图6-6所示,当触点闭合电流经过电热丝使双金属片发热弯曲,此时触点随之断开,电流停止流经燃油表和冷却液温表,并且电流也不会再流经稳压器电热丝。此时双金属片元件冷却,触点再次接通。如果蓄电池电压低,流经发热丝的电流量也小,使双金属片元件的加热速度也会减慢,这样,触点就会推迟断开,也就是说,触点接通时长增加。反之,如果蓄电池电压高,电流量也大,使触点的接通时间变得很短。通过这种方法,即使在蓄电池电压波动时,电流量也保持在恒定的水平,如图6-7所示。

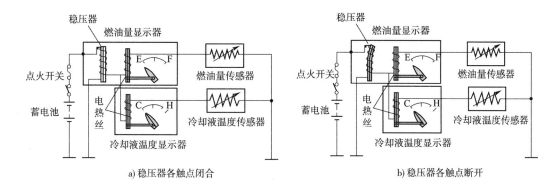

图 6-6 稳压器的工作过程

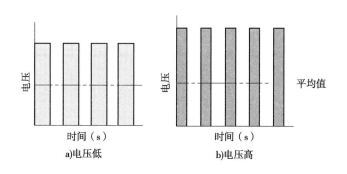

图 6-7 稳压器的稳压原理

3) 冷却液温度表及传感器

冷却液温度表是用来显示发动机冷却水套中的冷却液温度的,指示表主要是双金属片电热丝型。其工作原理与燃油表基本相同,只是冷却液温度传感器使用了负系数可变电阻(热敏电阻),即当冷却液温度低时,热敏电阻的电阻值很大,几乎无电流通过,当冷却液温度上升时,热敏电阻的电阻值下降,电流增大。

4) 车速-里程表

车速-里程表是用来指示汽车行驶速度和累计行驶里程的仪表,由车速表和里程表两部分组成,普通车速表一般为磁感应式,其结构如图 6-8 所示。

车速表主要由永久磁铁、铝罩、护罩、刻度盘和表针等组成。永久磁铁与主动轴紧固在一起,主动轴由来自变速器输出轴的挠性软轴驱动,指针、铝罩固接在中心轴上,刻度盘固定在表外壳上。不工作时,铝罩在游丝的作用下,使指针位于"0"位。当汽车行驶时,软轴驱动主动轴带动 U 形永久磁铁旋转,在铝罩上感应出电涡流而产生磁场,这个磁场与永久磁铁的旋转磁场相互作用产生转矩,使铝罩向永久磁铁旋转方向转过一定角度,直到由游丝的弹力所产生的反方向转矩与之平衡。车速越高,产生的转矩越大,指针在刻度盘上摆动的角度就越大,即指示的车速就越高。

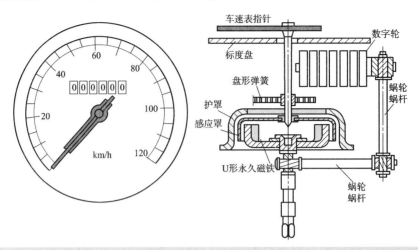

图6-8 永磁式车速-里程表

里程表主要由蜗轮蜗杆和数字轮组成,当汽车行驶时,主动轴经三对蜗轮蜗杆驱动数字轮上的最右侧的第一个数字轮(一般为1/10km),任一个数字轮与左侧相邻的数字轮传动比都为10∶1,这样显示的数字呈十进位递增,便自动累积了汽车总的行驶里程。

5)发动机转速表

为了检查调整发动机、监视发动机工作情况,使驾驶人正确地选择换挡时机,不少汽车的仪表板上装有发动机转速表。普通机械式转速表又可分为机械传动磁感应式转速表和电动磁感应式转速表。机械传动磁感应式转速表的结构和工作原理与上述磁感应式车速表基本相同,电动磁感应式转速表的基本结构如图6-9所示,它是由传感器和指示器两部分组成,传感器实际是一个小型的交流发电机,安装于发电机皮带轮附近,由4个螺钉固定。

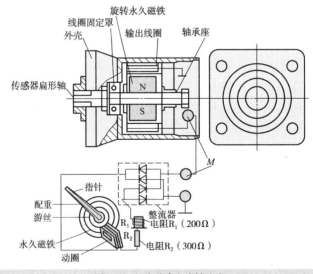

图6-9 电动磁感应式转速表

当发动机工作时,发动机的传动机构带动传感器扁形轴转动,与轴相连的永久磁铁随之转动,使磁力线切割线圈而产生交流电。电压高低随转速快慢而变化,通过整流器转化为直流电,再经绕线电阻和碳电阻输入动圈,此时动圈所产生的磁场与永久磁场相互作用,其结果使动圈偏转。发动机转速越快,传感器输出的电压也就越大,使动圈的输入电压变大,动圈偏转的幅度越大,指针的偏转角度也越大。

2. 警报指示灯

1) 机油压力警告灯

机油压力警告灯用于提醒驾驶人注意发动机的机油压力。机油压力警报装置的报警开关一般装在主油道上,弹簧管式机油压力报警开关如图6-10所示。

其传感器为盒式,内有一管形弹簧,一端与接头相连,另一端与动触点相连,静触点与接线柱经接触片与接线柱相连,当机油压力低于0.09MPa时,管形弹簧变形很小,动触点和静触点闭合,电路接通,警告灯点亮;当机油压力高于0.09MPa时,管形弹簧变形较大,动触点和静触点分开,电路断开,警告灯熄灭。

2) 充电(放电)指示灯

充电(放电)指示灯又称放电警告灯。蓄电池放电时,该警告灯点亮,当发电机的电压达到正常充电电压时,该警告灯熄灭。如果在正常行驶时,该警告灯亮,则提醒驾驶人充电系统功能有故障。

3) 燃油油位警告灯

燃油油位警告灯用于指示燃油剩余量不足,其结构原理如图6-11所示。

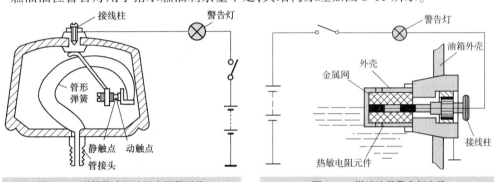

图6-10 弹簧管式机油压力报警开关　　图6-11 燃油油量警告灯电路

该装置是由负温度系数的热敏电阻式燃油油量报警传感器和警告灯组成。当油箱内油量较多时,热敏电阻元件浸没在燃油中,散热快,温度较低,电阻值较大,因此电路中电流很小,警告灯不亮;当燃油减少到规定值以下时,热敏电阻元件露出油面,散热慢,温度较高,电阻值较小,因此电路中电流增大,警告灯点亮。

4) 制动液液面警告灯

制动液液面警告灯用于指示制动液不足,制动液液面警告灯开关的结构如图6-12所示。

制动液液面警告灯开关装在制动主缸的储液罐内,外壳的外面套装着浮子,浮子上固定有永久磁铁,外壳内部装有舌形开关,舌形开关的两个接线柱与警告灯和电源相连,当制动液液面在规定值以上时,浮子浮在靠上的位置,永久磁铁的吸力不足,舌形开关在自身的弹力作用下保持断开的状态;当制动液液面下降到一定值时,浮子位置下降,舌形开关在永久磁铁吸力作用下闭合,警告灯点亮。

5) 冷却液温度警告灯

冷却液温度警告灯的作用是当发动机冷却液温度高到一定程度时,警告灯自动点亮,以示警报。冷却液温度警告灯的通断由温度开关控制,其工作原理如图6-13所示。当冷却液温度低于95℃时,双金属上的触点与固定触点保持分离状态,警告灯不亮;当冷却液温度高于95—98℃时,双金属片受热变形向下弯曲程度变大,使其触点和固定触点接触,将警告灯电路接通,警告灯点亮,提醒驾驶人注意。

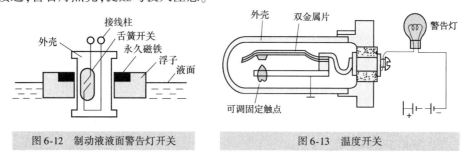

图6-12 制动液液面警告灯开关　　　图6-13 温度开关

驾驶室内还有其他一些警示灯,例如远光指示灯、转向信号灯、危险警告灯、车门未关指示灯以及与空调、刮水、除霜装置相关的指示灯等,其很多指示灯都是和相关的电路连接在一起,由电路控制。

3. 电子显示组合仪表

电子显示组合仪表的结构如图6-14所示,主要包括数字式仪表计算机、车速传感器、燃油油位标尺转换开关、短程控制开关、里程表(机械式)等元件,这些元件与真空荧光显示器构成了一个整体。

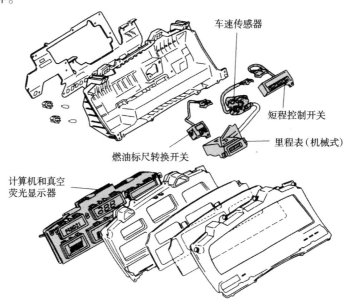

图6-14 电子显示组合仪表的结构

电子仪表的作用与常规机电模拟式的仪表基本相同,都是从各种传感器接收信号,并将信号经处理后通过显示器显示数据,使驾驶人了解车辆的速度、发动机转速、燃油量、冷却液温度等。不同的是:电子仪表是通过仪表中的微机和各种集成电路处理各种传感器的信号,然后以数字形式在真空荧光显示器显示出来,电子仪表的零部件大体组成可分为各种传感器、微机和集成电路和真空荧光显示器等,下面以车速表为例进行介绍。

1) 车速传感器

车速传感器如图6-15所示,其中有一内置光电耦合器,如图6-16所示,将发光二极管和光敏晶体管组合在一起。在发出光线的二极管和接收这些光线的光敏晶体管之间,有一个开有20条狭槽的转轮旋转。开槽转轮连接在车速表传动软轴上,其转动速度根据车速的快慢而增减。当开槽转轮转动时,不停地隔断发光二极管和光敏晶体管之间的光线,从而使光敏晶体管时通时断。这使光敏晶体管将20个PPR(每转动一周的脉冲数)的信号传输至微机端子,使微机得知车速。

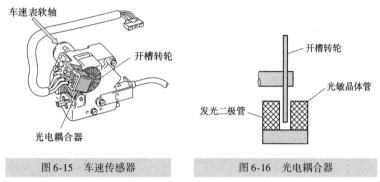

图6-15 车速传感器　　图6-16 光电耦合器

2) 车速表显示原理

车速表的工作原理如图6-17所示,微机通过在一段预定的时间内从车速传感器传出的脉冲信号来计算车速,然后使真空荧光显示器发光,显示车速,同时可以通过英里与公里转换开关切换单位。在某些国家使用的车辆上装有车速警报器,当车速达到或超过125km/h (78mile/h)时,微机内的晶体管便反复接通和断开,使警报器发出警告蜂鸣。

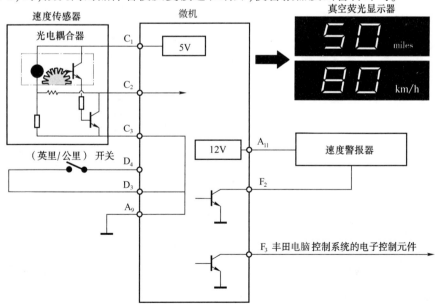

图6-17 车速表的原理示意图

基本技能

汽车仪表拆装的准备工作及实施步骤如下。

1. 准备工作

(1) 防护装备:工作服、工作帽、手套、劳保鞋。

(2) 车辆:整车、台架、总成等。

(3) 手工工具:拆装工具一套。

(4) 辅料材料:工作台、翼子板布和前格栅布、防护三件套、抹布、手套、白板笔等。

(5) 在表 6-1 中填写本任务中要使用的主要工具,如图 6-18 所示。

工、量具名称及型号 表 6-1

名　　称	型　　号

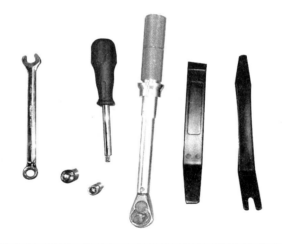

图 6-18　仪表拆装的主要工具

2. 实施步骤

1) 安装车内防护三件套、翼子板布和前格栅布

安装车内防护三件套、翼子板布和前格栅布,如图 6-19 所示。

2) 汽车仪表的就车拆装

(1) 汽车仪表装置的就车拆卸(本拆装使用的车辆是别克威朗)。

①汽车仪表装置从汽车上拆下前,应确认点火开关关闭;然后打开行李舱,断开蓄电池负极电缆,如图 6-20 所示。

学习任务六 汽车仪表系统结构与拆装

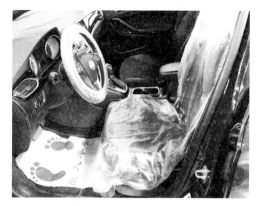

图6-19 安装车内防护三件套、翼子板布和前格栅布

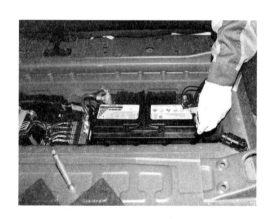

图6-20 断开蓄电池负极电缆

②找到汽车仪表的位置,观察汽车仪表附件结构,如图6-21所示。

图6-21 汽车仪表的位置

③拆下汽车仪表板左侧装饰板饰件,如图6-22所示。

图6-22 拆下汽车仪表板左侧装饰板饰件

④拆下汽车仪表板右侧装饰板饰件,如图6-23所示。

图6-23 拆下仪表板右侧装饰板饰件

⑤拆下转向柱前方仪表装饰条,如图6-24所示。

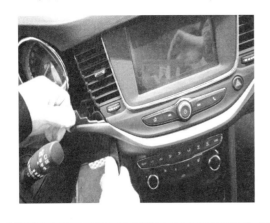

图6-24 拆下转向柱前方仪表装饰条

⑥松开仪表总成固定螺钉,如图6-25所示。

图 6-25　松开仪表总成固定螺钉

⑦拆下汽车仪表总成线束,如图 6-26 所示。

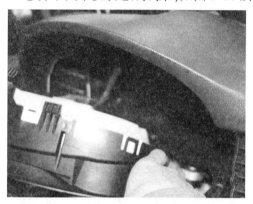
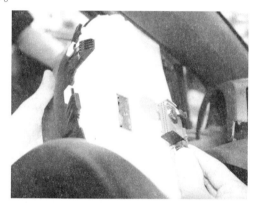

图 6-26　拆下汽车仪表总成线束

⑧取出汽车仪表总成,如图 6-27 所示。

图 6-27　取出汽车仪表总成

(2)汽车仪表装置的就车安装。

汽车仪表的类型不同,具体装复的步骤也不尽相同,但基本原则是按拆卸时的相反步骤进行,注意依据维修手册要求技术数据紧固各固定螺钉。

(3)汽车仪表装置的分解。

由于汽车仪表总成是精密仪器,一般不容易损坏,但如果经检测有其中一个损坏,则需要更换总成,所以无须进行解体。

小提示

(1)仪表总成的拆装过程必须按照规定的步骤进行,绝不能毫无规律地乱拆和乱装,特别是解体作业,规定不能解体的小总成绝对不能拆,以免损坏。

(2)拆下的零部件(或小总成)要按先后顺序排列好(平垫和弹簧垫可串在螺杆上,再拧上螺母),以免装配时出现差错和遗漏,还要特别注意小件不能丢失。

(3)在拆装过程中,要避免用锤子、大活动扳手等工具敲击,以免零部件损伤。

3)汽车冷却液温度传感器拆装

冷却液温度传感器安装在发动机缸体冷却液通道上,其拆装操作如图6-28所示。

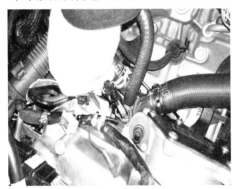
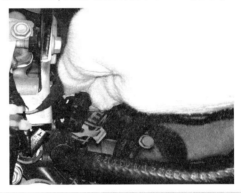

图6-28 冷却液温度传感器拆装

4)洗涤器液位过低指示灯控制开关拆装

洗涤器液位过低指示灯控制开关安装在洗涤器液储液罐内,如图6-29所示。

图6-29 洗涤器液位过低指示灯控制开关

5)其他报警指示灯及控制开关拆装

其他报警指示灯,如油压过低报警灯、冷却液液面过低报警灯、制动液液面过低报警灯及燃油量过少报警灯等,它们的控制开关拆装都报警简单,只需找到相应位置,采用合适的工具,即可方便拆装。

学习拓展

1. 真空荧光管(VFD)

1)结构

VFD 是最常用的发光型显示器,其结构如图 6-30 所示,钨灯丝为阴极,接电源负极;涂有荧光物质的屏幕为阳极,接电源正极,其上制有若干字符段图形,每个字符段由电子开关单独控制通电状态;栅格置于灯丝和屏幕之间;整个装置密封在被抽真空的玻璃罩内。

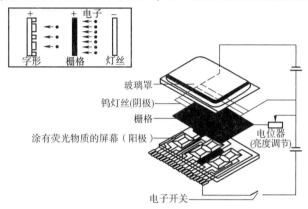

图 6-30 真空荧光管(VFD)的结构

2)原理

如图 6-31 所示,当阴极灯丝通电时,灯丝发热,释放电子,电子被电位较高的栅格吸引,并穿过栅格,均匀地打在电位最高的屏幕字符段上。凡是由电子开关控制通电的字符段受电子轰击后发亮,而未通电的字符段发暗。这样通过控制字符段通电状态,就可形成不同的显示数字。

2. 液晶显示器(LCD)

1)结构

LCD 是最常用的非发光型显示器,其结构如图 6-32 所示。前玻璃板和后玻璃板之间加有一层液晶,外表面贴有垂直偏光镜和冷却液平偏光镜,最后面是反射镜。

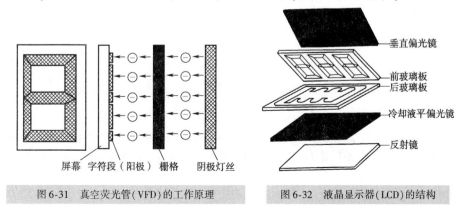

图 6-31 真空荧光管(VFD)的工作原理　　图 6-32 液晶显示器(LCD)的结构

2)原理

如图6-33a)所示,当液晶不加电场时,液晶的分子排列方式可将来自垂直偏光镜的垂直方向的光波旋转90°,再经冷却液平偏光镜后射到反射镜上,经反射后按原路回去,这时透过垂直偏光镜看液晶时,液晶呈亮的状态。

如图6-33b)所示,当液晶加一电场时,液晶的分子排列方式改变,不能将来自垂直偏光镜的垂直方向的光波旋转,不能通过冷却液平偏光镜达到反射镜,这时透过垂直偏光镜看液晶时,液晶呈暗的状态。

这样将液晶制成字符段,通过控制每个字符段的通电状态,就可使液晶显示不同的字符。

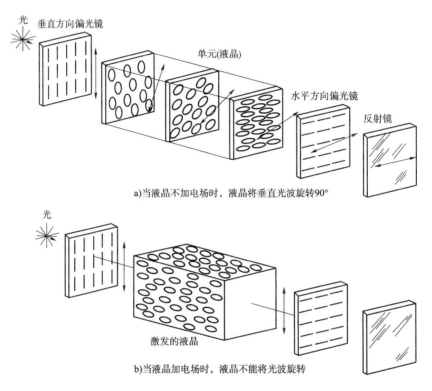

图6-33 液晶显示器(LCD)的工作原理

学习小结

(1)汽车仪表系统的作用是为了使驾驶人随时掌握车辆的各种状况,并及时发现和排除潜在的故障,汽车上在驾驶人座位前方的仪表板上装有各种测量仪表。

(2)现在汽车上常用仪表主要有机油压力表、燃油表、冷却液温度表等。

(3)现在汽车上常用警报指示灯主要有机油压力报警灯、燃油量报警灯、冷却液温度报警灯等。

(4)汽车仪表总成的拆装流程。

学习任务六　汽车仪表系统结构与拆装

自我评估

1. 填空题

(1) 现在汽车上常用仪表,主要有 _____ 、_____ 、_____ 等。

(2) 目前汽车上报警指示装置主要有 _____ 、_____ 、_____ 和 _____ 等。

2. 判断题

(1) 汽车仪表的作用只是装饰作用。　　　　　　　　　　　　　　　（　　）

(2) 冷却液温度过低时,冷却液温度警告灯亮。　　　　　　　　　　（　　）

(3) 汽车里程表显示车辆总里程。　　　　　　　　　　　　　　　　（　　）

3. 选择题

(1) 汽车燃油表的作用是显示(　　)。

　　A. 油箱中存油量　　　B. 燃油泵燃油量　　　C. 机油量　　　D. 油管中燃油量

(2) 如果通向燃油油量传感器的线路短路,甲认为燃油表指示值为 0,乙认为燃油表指示值为 1。你认为(　　)。

　　A. 甲对　　　　　　B. 乙对　　　　　　C. 甲、乙都对　　　D. 甲、乙都不对

评价与反馈

1. 任务实施考核成绩评定(表 6-2)

仪表系统拆装考核表　　　　　　　表 6-2

考核项目及分值	考核内容及分值	评分标准	评分记录
准备工作 10 分	清洁工量具及其工作台	(1) 未清洁工量具,扣 1 分; (2) 未清洁工作台,扣 1 分	
仪表总成拆卸 40 分	(1) 记录车辆信息; (2) 安装前格栅布和翼子板布; (3) 安装车内防护三件套; (4) 断开蓄电池负极; (5) 拆卸仪表总成; (6) 拆卸各仪表传感器	(1) 车辆信息记录错误,一次扣 3 分; (2) 未安装翼子板布和前格栅布,一件扣 2 分; (3) 拆卸顺序错误,一次扣 2 分; (4) 工具操作不当,一次扣 2 分; (5) 操作方法错误,一次扣 2 分; (6) 工具、零件掉地,一次扣 5 分	
仪表总成安装 40 分	(1) 安装仪表总成; (2) 安装各仪表传感器; (3) 通电测试	(1) 操作方法错误,一次扣 2 分; (2) 扭力扳手使用错误,一次扣 2 分; (3) 拧紧力矩错误,每次扣 3 分; (4) 安装顺序错误,一次扣 2 分; (5) 工具、零件掉地,一次扣 5 分	

续上表

考核项目及分值	考核内容及分值	评分标准	评分记录
收尾工作 10分	(1)清洁工具、工作台； (2)工具应摆放整齐	(1)未清洁，一次扣1分； (2)未摆放整齐，一次扣1分	
考核时限	完成全部考核内容规定用时为20min	(1)超时每分钟扣5分； (2)超时5min即停止记分	

2. 任务过程评价与反馈（表6-3和表6-4）

任务过程评价表（教师填写）　　　　　　　　　　　　　表6-3

考核项目	评分标准	分数	成绩	过程评价
劳动纪律	有无迟到、早退和旷工	5		
团队合作	是否和谐	5		
活动参与	是否精彩	5		
安全生产	有无安全隐患	10		
操作过程	是否正确、熟练	30		
任务质量	是否圆满完成	10		
工具、设备使用	是否规范、标准	10		
工作页填写	是否完整、规范	15		
现场5S	是否做到	10		
总分		100		

注：没有按照操作流程操作，出现人身伤害或设备严重事故，本任务考核结果为0分。

任务过程反馈表（学生填写）　　　　　　　　　　　　　表6-4

反馈内容	回答
你是否完成本学习任务，并得到老师的确认？	
你是否能准确有效地收集、分析和组织完成资料，正确地交流信息？	
你是否已经掌握预期的知识和必备的技能？	
你是否充分使用学习资源和按计划有组织地完成目标？	
操作完成水平： 　　上述表格中的项目应为肯定回答。若不是，应咨询老师。你可以要求附加相关活动，以便完成相关的操作技能。 　　教师签字：_____ 　　学生签字：_____ 　　完成日期：_____	

学习任务七 汽车车身附属电气结构与拆装

子任务1 电动座椅结构与拆装

学习目标
1. 知识目标：(1) 知道汽车电动座椅的结构；
 (2) 明白汽车电动座椅的拆装方法。
2. 技能目标：能够正确使用工具对汽车电动座椅进行拆装。
3. 职业素质目标：(1) 培养学生安全操作意识；
 (2) 培养学生按照5S标准进行实践；
 (3) 培养学生团队协作和沟通能力。

任务描述

一辆别克君威轿车电动座椅损坏需更换，学徒工小王通过查看汽车维修手册的工艺要求，顺利完成了电动座椅的拆换工作。

基础知识

一、汽车座椅的分类

随着生活质量的提高，人们出行的频率越来越高，乘坐汽车的时间也越来越长，汽车座椅的舒适性对出行体感影响非常大。一个便于操作、舒适安全的驾驶座椅也会大大提高出行的安全性。

汽车座椅按使用功能分类，可分为驾驶人座椅、乘客座椅、儿童座椅三种。

按座椅的结构与车型用途分类，可分为轿车座椅和客车座椅。

按调节方式的不同座椅调节装置可分为手动调节式(图7-1)和动力调节式(图7-2)。其中动力调节式按照动力源的不同又分为真空式、液压式和电动式三种。

按座椅电动机的数目和调节方向数目的不同，电动座椅一般有两向、四向、六向、八向和多向可调等。

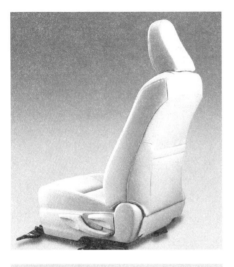

图7-1 普通座椅

图7-2 电动座椅

1. 驾驶人座椅

由于驾驶人在驾驶时必须高度集中精力,始终注视前方,灵活机动地处理各种交通路况。为了有利于驾驶人的驾车,对座椅的舒适性、方位(高低、前后、左右)的可调整性要求较高。所以,驾驶人座椅多数是可调的,大多采用电动可调式座椅,如图7-2、图7-3所示。

2. 乘员座椅

乘员座椅要求乘坐舒适,但对调整方面无过多要求,因此一般乘员座椅可调节的方向少于驾驶人座椅,如图7-4所示。

图7-3 电动座椅调节开关

图7-4 乘员座椅

3. 儿童座椅

汽车儿童安全座椅是安装在汽车座椅之上的一种专用座椅,如图7-5所示。儿童使用这种座椅,不仅可使车祸对儿童的伤害降低到最低程度,而且为儿童舒适地乘坐和家长精心地照顾提供了便利。

图 7-5 儿童座椅

二、汽车座椅的结构

1. 普通电动座椅

普通电动座椅包括若干个双向电动机、传动装置和控制电路三个主要部分。其结构和电动机的安装位置分别如图 7-6 和图 7-7 所示。

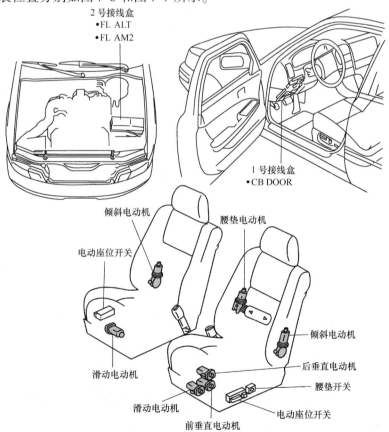

图 7-6 典型电动座椅的结构

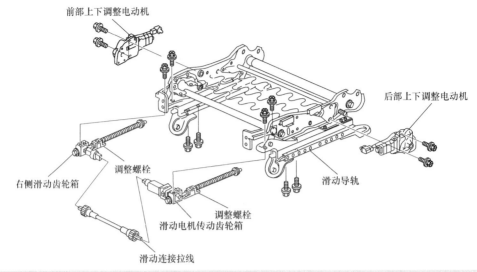

图 7-7 座椅电动机的安装位置

双向电动机产生动力,通过传动装置把动力传至座椅,控制开关实现座椅不同位置的调节。

图 7-8 座椅电动机

(1)电动机。

电动座椅中使用的电动机一般为永磁式双向直流电动机,如图 7-8 所示,通过控制开关来改变流经电动机内部的电流方向,从而实现转动方向的改变。

(2)传动装置。

电动座椅的传动装置主要包括变速器、联轴器、软轴及齿轮传动机构等,如图 7-9、图 7-10 所示。变速器的作用是降速增矩。电动机轴分别与软轴相连,软轴再和变速器的输入轴相连,动力经过变速器的降速增矩以后,从变速器的输出轴输出,变速器的输出轴与蜗杆轴或齿轮轴相连,最终蜗轮蜗杆或齿轮齿条带动座椅支架产生位移。

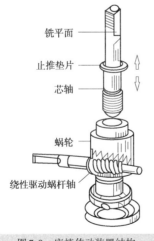

图 7-9 座椅传动装置结构

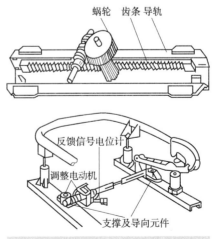

图 7-10 座椅的滑动调整机构

2. 汽车自动座椅

自动座椅的基本结构及驱动方式与普通的电动座椅相似,只是在普通电动座椅的基础上增加了一套具有存储记忆功能的电子控制系统。电子控制系统中可以存储不同驾驶人或乘客的座椅位置,驾乘人员可以通过一个按钮调出自己的座椅位置,使得座椅的调整更加方便快捷,图7-11所示是宝马530Li豪华版的驾驶座椅调节开关。

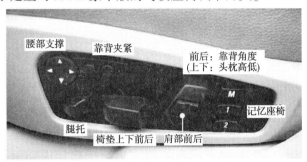

图7-11　宝马530Li座椅调节开关

(1)自动座椅的组成。

自动座椅系统有两套控制装置,一套是手动的,包括电动座椅开关、腰垫电动机及开关和一组座椅位置调整电动机等,驾乘人员可以根据自身需要通过相应的座椅开关和腰垫开关来调整,它的控制方式和普通电动座椅完全相同;另一套是自动的,包括座椅位置传感器、存储和复位开关、ECU及与手动控制系统共用的一组调整电动机。图7-12所示为其基本组成和安装位置示意图。

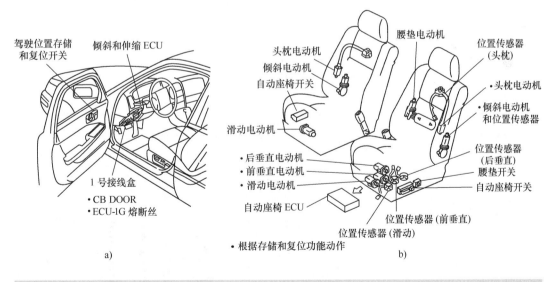

图7-12　自动座椅的基本组成和安装位置

(2)自动座椅位置传感器。

自动座椅位置传感器主要有两种形式,一种是滑动电位器式,如图7-13所示;另一种是霍尔式,如图7-14所示。

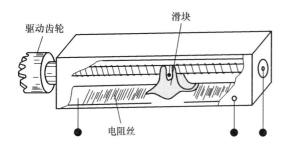
图7-13 滑动电位式自动座椅传感器示意图

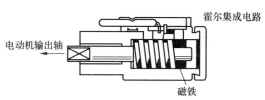
图7-14 霍尔式位置传感器示意图

滑动电位器式位置传感器主要由座椅电动机驱动的齿轮和螺杆、电阻丝以及能在螺杆上滑动的滑块组成。当电动机驱动座椅的同时,也驱动齿轮带动螺杆,驱动滑块在电阻丝上滑动,相当于一个可变电阻,通过电阻阻值的变化将座椅位置信号转变成电压信号输给 ECU。

霍尔式位置传感器主要由永久磁铁、霍尔集成电路组成。根据霍尔原理,霍尔元件中磁通量变化时会产生霍尔电压。永久磁铁安装在由电动机驱动的轴上,由于转轴上磁铁的转动引起通过霍尔元件中磁通量的变化,从霍尔元件产生霍尔电压,再经霍尔集成电路进行放大并处理,然后取出旋钮的脉冲信号输给 ECU。

基本技能

座椅拆装的准备工作及步骤如下。

1. 准备工作

(1) 防护装备:工作服、工作帽、手套、劳保鞋等。
(2) 车辆:整车、台架、总成等。
(3) 手工工具:拆装工具一套。
(4) 辅料材料:工作台、翼子板布和前格栅布、防护三件套、抹布、手套、白板笔等。
(5) 在表7-1中填写本任务中要使用的主要工具,如图7-15所示。

工、量具名称及型号　　表7-1

名　　称	型　　号

图7-15 拆装座椅工具

2. 汽车座椅拆卸步骤（本次拆装使用的车辆的别克君威）

起动机从汽车上拆下前,应确认点火开关关闭。其步骤如下。

（1）车辆信息登记（表7-2）。

车辆信息登记　　　　　　　　　　　　表7-2

车辆信息	车辆识别代码	
	发动机型号	

（2）将座椅向后移动,露出座椅前方安装螺栓,如图7-16所示。

（3）拆下座椅前方螺栓,如图7-17所示。

图7-16　向后移动座椅

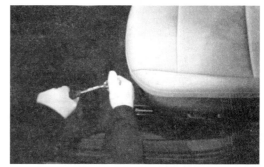

图7-17　拆下座椅前方螺栓

（4）将座椅向前方移动,露出座椅后方安装螺栓。

（5）拆下座椅后方螺栓,如图7-18所示。

（6）断开蓄电池负极,如图7-19所示。

图7-18　拆下座椅后方螺栓

图7-19　断开蓄电池负极

（7）断开座椅线束连接,如图7-20所示。

（8）在助手的帮助下,将前排座椅从前滑轨上拆下,如图7-21所示。

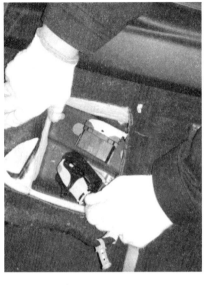

图7-20　断开座椅线束连接　　　　　图7-21　座椅总成

3. 座椅的安装

(1)在助手的帮助下将前排座椅安装至车身底板,连接座椅线束,如图7-22所示。
(2)连接蓄电池负极。
(3)安装座椅前方螺栓,并紧固至规定力矩45N·m,如图7-23所示。

图7-22　连接座椅线束　　　　　　　图7-23　紧固座椅螺栓

 小提示

座椅安装螺栓经过微胶囊化处理,因此拆卸后的螺栓不能再次使用,需更换新的。

(4)安装座椅后方螺栓,并紧固至规定力矩45N·m,如图7-24所示。
(5)按动座椅开关,检查安装是否无误,如图7-25所示。

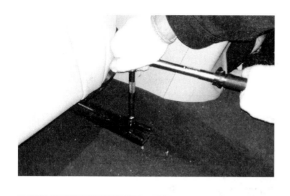
图 7-24 紧固座椅后方螺栓

图 7-25 测试座椅

(6)安装完毕后整理、清理工量具,做好场地和车辆的清洁卫生。

学习拓展

现代车辆的座椅还有很多辅助功能,如通风、按摩等。下列装置中的部分装置适用于带手动座椅的车辆;有些装置则适用于电动座椅选装件。

1. 座椅通风装置

汽车座椅通风是汽车座椅的"避暑装置"。虽然夏季有空调,能够保持车内恒定温度,但由于乘员身体与座椅紧密接触,接触部分空气不流通,不利于汗液排除,会使人感觉不舒服。

汽车座椅通风空调独有的通风循环系统,源源不断地将新鲜空气从座椅坐垫与靠背上的小孔流出(图7-26),防止臀部与后背积汗,提供舒适的乘坐环境,有效地改善了人体与椅面接触部分的空气流通环境,即使是长时间地乘坐,身体与座椅的接触面也会干爽舒适。

带通风装置的座椅一般还同时具有加热功能,该功能尤其适用于寒冷的天气条件下。加热系统依赖于坐垫内的加热线圈和由继电器和开关控制的靠背。

2. 自适应和主动座椅

一些豪华车辆中配备了自适应座椅功能,可在驾驶人换挡时略微移动座椅。长时间驾驶时,移动座椅可提高驾驶人的舒适度和支撑度。主动座椅可以促使脊柱和周围的肌肉不断地活动,但是几乎感觉不到。这种座椅旨在防止驾驶人因长时间坐着不动而感到腰酸背痛。坐垫的左半部分和右半部分可以定期上下移动。

3. 按摩式座椅

对于一些经常坐车出行的商务人士,坐车时间就是他们的休息时间,将按摩功能整合进了座椅,这样一来乘客就可以充分利用乘车时间放松身体,缓解疲劳。按下控制按钮时,座椅靠背内的一排排滚柱将会上下移动。该按摩运动一次可持续大约10s,如图7-27所示。

图7-26 通风座椅

图7-27 按摩座椅

学习小结

(1) 汽车座椅按使用功能分类,可分为驾驶人座椅、乘客座椅、儿童座椅三种。

(2) 按座椅的结构与车型用途分类,可分为轿车座椅和客车座椅。

(3) 按调节方式的不同座椅调节装置可分为手动调节式和动力调节式,其中动力调节式按照动力源的不同又分为真空式、液压式和电动式三种。

(4) 按座椅电动机的数目和调节方向数目的不同,电动座椅一般有两向、四向、六向、八向和多向可调等。

(5) 普通电动座椅包括若干个双向电动机、传动装置和控制电路三个主要部分。

(6) 自动座椅系统有两套控制装置,一套是手动的,与普通电动座椅相似;另一套自动系统包括座椅位置传感器、存储和复位开关、ECU及与手动控制系统共用的一组调整电动机。

(7) 自动座椅传感器有霍尔式和滑动电位器式。

自我评估

1. 填空题

(1) 普通电动座椅由_____、_____和_____三部分组成。

(2) 自动座椅除有普通座椅的开关、电动机外还包含_____和_____。

(3) 一些高档车型的座椅还具有_____、_____和按摩等功能。

(4) 座椅控制开关通过改变流经电动机内部的_____,从而实现转动方向的改变。

2. 判断题

(1) 汽车电动座椅的电动机一般是只有一个转动方向。　　　　　　　　　　　(　　)

(2)汽车座椅的安装螺栓可重复使用。   (   )
(3)常用的自动座椅传感器有霍尔式和滑动电位器式。   (   )

3. 选择题

(1)在电动座椅中,一般一个电动机可完成座椅的(   )。
　　A.1个方向的调整　　　　B.2个方向的调整　　　　C.3个方向的调整
(2)别克君威座椅螺栓的拧紧力矩是(   )。
　　A.30N·m　　　　　　　B.45N·m　　　　　　　　C.60N·m
(3)以下说法中不是汽车座椅功能的是(   )(多选)。
　　A.通风与加热　　　　　B.按摩　　　　　　　　　C.自适应

评价与反馈

1.任务实施考核成绩评定(表7-3)

电动座椅更换考核表　　　　　　　　　　　　　　　　　　　　　表7-3

考核项目及分值	考核内容及分值	评 分 标 准	评分记录
准备工作 10分	清洁工具及其工作台	(1)未清洁工具,一件扣1分; (2)未清洁工作台,扣5分	
座椅拆卸 40分	(1)记录车辆信息; (2)拆卸座椅; (3)拆卸发动机防护罩; (4)断开蓄电池负极; (5)断开线束连接	(1)车辆信息记录错误,一次扣5分; (2)拆卸顺序错误,一次扣5分; (3)操作方法错误,一次扣5分; (4)工具操作不当,一次扣5分; (5)工具、零件掉地,一次扣5分	
座椅安装 40分	(1)安装座椅; (2)安装蓄电池负极; (3)检查安装结果	(1)扭力扳手使用错误,一次扣5分; (2)拧紧力矩错误,每次扣5分; (3)操作方法错误,一次扣5分; (4)安装顺序错误,一次扣5分; (5)工具、零件掉地,一次扣5分	
收尾工作 10分	(1)清洁工具、工作台; (2)工、量具应摆放整齐	(1)未清洁,一次扣1分; (2)未摆放整齐,一次扣1分	
考核时限	完成全部考核内容规定用时为20min	(1)超时每分钟扣5分; (2)超时5min即停止记分	

2. 任务过程评价与反馈(表7-4 和表7-5)

任务过程评价表(教师填写)   表7-4

考核项目	评分标准	分数	成绩	过程评价
劳动纪律	有无迟到、早退和旷工	5		
团队合作	是否和谐	5		
活动参与	是否精彩	5		
安全生产	有无安全隐患	10		
操作过程	是否正确、熟练	30		
任务质量	是否圆满完成	10		
工具、设备使用	是否规范、标准	10		
工作页填写	是否完整、规范	15		
现场5S	是否做到	10		
总分		100		

注:没有按照操作流程操作,出现人身伤害或设备严重事故,本任务考核结果为0分。

任务过程反馈表(学生填写)   表7-5

反 馈 内 容	回答
你是否完成本学习任务,并得到老师的确认?	
你是否能准确有效地收集、分析和组织完成资料,正确地交流信息?	
你是否已经掌握预期的知识和必备的技能?	
你是否充分使用学习资源和按计划有组织地完成目标?	
操作完成水平: 上述表格中的项目应为肯定回答。若不是,应咨询老师。你可以要求附加相关活动,以便完成相关的操作技能。 教师签字:_____ 学生签字:_____ 完成日期:_____	

子任务2 　电动刮水系统结构与拆装

学习目标
1. 知识目标:(1)知道汽车刮水系统的结构;
　　　　　　(2)知道风窗洗涤装置的结构;
　　　　　　(3)知道汽车刮水系统的拆装方法。
2. 技能目标:能够正确使用工具对刮水系统传动机构进行拆装。
3. 职业素质目标:(1)培养学生安全操作意识;
　　　　　　　　(2)培养学生按照5S标准进行实践;
　　　　　　　　(3)培养学生团队协作和沟通能力。

学习任务七　汽车车身附属电气结构与拆装

任务描述

一辆轿车的刮水臂不能工作,技术人员分析可能是刮水电动机坏了,现在需要更换刮水电动机,你能完成这个任务吗?

基础知识

一、电动刮水系统的作用

电动刮水系统的作用是除去风窗玻璃上的水、雪及沙尘,保证在不良天气时驾驶人仍具有良好的视线,如图 7-28、图 7-29 所示。两厢轿车后风窗玻璃也安装有刮水系统。

图 7-28　刮水片

图 7-29　刮水器开关

二、电动刮水系统的结构

电动刮水系统由直流电动机、刮水器传动机构和刮水片等组成,如图 7-30 所示。其中刮水器传动机构由蜗轮箱、曲柄、连杆、摆杆、摆臂等组成。

1. 永磁式刮水电动机

刮水电动机有绕线式和永磁式两种。绕线式刮水电动机的磁极绕有励磁绕组,通电流时产生磁场,而永磁式刮水电动机的磁极用永久磁铁制成。永磁式电动机体积小、质量轻、结构简单,使用广泛,其外形如图 7-31 所示。

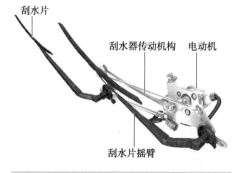

图 7-30　电动刮水系统的组成

图 7-31　刮水电动机

永磁式刮水电动机的结构如图 7-32 所示,由外壳及磁铁总成、电枢、电刷安装板及复位开关、输出齿轮及蜗轮、输出臂等组成。通电时电枢转动,经蜗杆、蜗轮和输出齿轮及输出轴后,把动力传给输出臂。

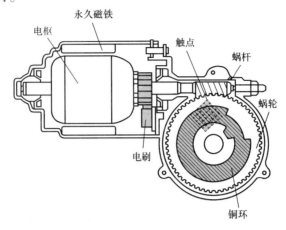

图 7-32　永磁式刮水电动机的结构

2. 刮水系统传动机构

曲柄、拉杆和摆杆等杆件可以把蜗轮的旋转运动转变为摆臂的往复摆动,使摆臂上的刮水片实现刮水动作,如图 7-33 所示。

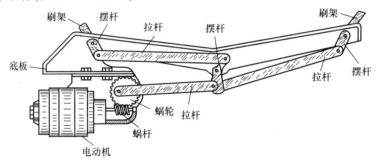

图 7-33　刮水器的传动装置

3. 齿条传动式刮水器

图 7-34 所示为新型柔性齿条传动刮水器,这种刮水器与一般拉杆传动式刮水器相比,具有体积小、噪声低等优点,而且可将刮水电动机总成安装在空间较大的地方,便于维修。

电动机驱动的蜗轮轴上有一个曲柄销,它驱动连杆机构,而连杆和一个装在硬管里的柔性齿条连接,因此,在连杆运转时,齿条则会做往复运动,齿条的往复运动带动齿轮箱中的小齿轮往复运动,从而驱动刮水片往复摆动。

三、风窗玻璃洗涤装置

风窗玻璃洗涤装置的作用是在需要时向风窗玻璃喷水。当风窗玻璃上有污物(如灰尘、泥土等)需要清洁时,洗涤装置向风窗玻璃喷水与刮水器配合使用,可以快捷清洁风窗玻璃,保证驾驶人有良好的视野。

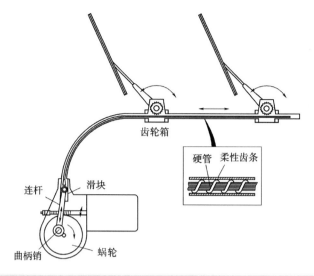

图 7-34　柔性齿条传动刮水器

如图 7-35 所示,风窗洗涤装置主要由储液罐、洗涤泵、输液管、喷嘴等组成。洗涤泵由永磁直流电动机和离心叶片泵组装成为一体,喷射压力可达 70~88kPa。

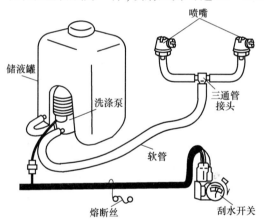

图 7-35　风窗洗涤装置

洗涤泵一般直接安装在储液罐上,但也有安装在管路内的。在离心泵的进口处设置有滤清器。

洗涤泵喷嘴安装在风窗玻璃的下面,其喷嘴方向可以根据使用情况调整,喷水直径一般为 0.8~1.0mm,能够使洗涤液喷射在风窗玻璃的适当位置。洗涤泵的连续工作时间不应超过 1min,对于刮水和洗涤分别控制的汽车,而且应先开洗涤泵,再接通刮水器。喷水停止后,刮水器应继续刮动 3~5 次,以便达到良好的清洁效果。

 基本技能

刮水系统传动机结构拆装的准备工作及实施步骤如下。

1. 准备工作

(1) 防护装备：工作服、工作帽、手套、劳保鞋等。

(2) 车辆：整车、台架、总成等。

(3) 手工工具：拆装工具一套。

(4) 辅料材料：工作台、翼子板布和前格栅布、防护三件套、抹布、手套、白板笔等。

(5) 在表7-6中填写本任务中要使用的主要工具，如图7-36所示。

工、量具名称及型号　　　　　　　　　　　　表7-6

名　　称	型　　号

图7-36　拆装刮水系统主要工具

2. 实施步骤

1) 刮水系统传动机构的拆卸（本次拆装使用的车辆是别克威朗）

(1) 车辆信息登记（表7-7）。

车辆信息登记　　　　　　　　　　　　表7-7

车辆信息	车辆识别代码	
	发动机型号	

(2) 打开发动机舱盖，用支撑杆顶起发动机舱盖，安装翼子板布和前格栅布，如图7-37所示。

(3) 断开蓄电池负极电缆，如图7-38所示。

图7-37 安装翼子板布和前格栅布

图7-38 断开蓄电池负极

(4)使用平刃塑料工具拆下风窗玻璃刮水臂装饰盖,如图7-39所示。

(5)拆下风窗玻璃刮水臂紧固螺母,如图7-40所示。

图7-39 取刮水臂装饰盖

图7-40 拆刮水臂螺母

(6)取下风窗玻璃刮水臂,如图7-41所示。

(7)用平刃塑料工具松开进气口格栅卡夹,如图7-42所示。

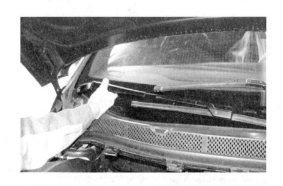
图7-41 取下刮水臂

图7-42 松开进气格栅卡夹

(8)取下进气格栅,如图7-43所示。

(9)用平刃塑料工具取下风窗玻璃挡风雨条,如图7-44所示。

图7-43 进气格栅

a)

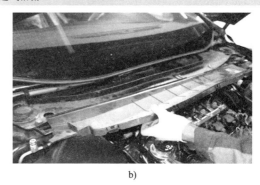
b)

图7-44 取下风窗玻璃下挡风雨条

(10)拆下发动机罩后挡风雨条固定螺栓(左右两侧各两颗螺钉,两颗螺栓),取下发动机罩后挡风雨条,如图7-45所示。

a)

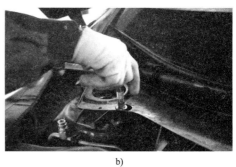
b)

c)

图7-45 取下发动机罩后挡风雨条

(11)拆下风窗玻璃刮水器传动机构固定螺栓(3颗),如图7-46所示。
(12)用平刃塑料工具断开线束固定卡夹,如图7-47所示。

图7-46 拆下刮水器传动机构螺栓

图7-47 断开线束固定卡夹

(13)断开刮水电动机电气连接,如图7-48所示。
(14)取出风窗玻璃刮水传动机构,如图7-49所示。

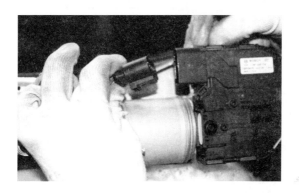

图7-48 断开刮水电动机电气连接

图7-49 刮水传动机构

(15)从传动机构上拆下刮水电动机。
2)刮水系统传动机构的安装
(1)将刮水电动机安装到传动机构上。
(2)将风窗玻璃刮水传动机构放到整车上,然后连接刮水电动机电气连接,如图7-50所示。
(3)安装好刮水传动机构螺栓,并紧固至规定力矩9N·m,如图7-51所示。

图7-50 连接刮水电动机电气连接

图7-51 紧固刮水传动机构螺栓

(4) 将刮水系统线束安装到固定卡夹相应位置,如图7-52所示。

(5) 安装好发动机罩后挡风雨条紧固螺栓,并紧固至固定力矩2.5N·m,如图7-53所示。

图7-52 固定线束位置

图7-53 安装发动机罩后挡风雨条螺栓

(6) 安装风窗玻璃挡风雨条,如图7-54所示。

(7) 安装进气格栅,如图7-55所示。

图7-54 安装挡风雨条

图7-55 安装进气格栅

 小提示

各卡夹一定要安装到位,以保证牢固锁止。

(8) 安装刮水臂,如图7-56所示。

(9) 安装好紧固刮水臂螺母,并紧固至规定力矩23N·m,如图7-57所示。

图 7-56　安装刮水臂

图 7-57　紧固刮水臂螺母

 小提示

①将风窗玻璃刮水臂设置在停止位置。
②将风窗玻璃刮水臂端部插入风窗玻璃刮水电动机枢轴上方。
③紧固刮水臂紧固件时,保持风窗玻璃刮水臂就位。
④使风窗玻璃刮水片端头对准下部风窗玻璃遮光区域的对准点。

注意:如果风窗玻璃刮水臂不能从刮水电动机枢轴上松开,则使用 BO-6626 拨出器(专用工具)。

(10)接上蓄电池负极,打开电动刮水开关,检查刮水系统是否能正常工作,确保安装无误。
(11)安装完毕后整理、清理工量具,做好场地和车辆的清洁卫生,如图 7-58 所示。

图 7-58　清洁后的场地

 学习拓展

1. 雨量感应刮水器

一些车辆设定了风窗玻璃刮水器操作,可对风窗玻璃上的水作出响应。这些刮水器的传感器通常位于后视镜后方的风窗玻璃中央和顶部。传感器通过特殊的光学元件将红外光传输到风窗玻璃的表面上,如图 7-59 所示。风窗玻璃干燥时,所有光线将会反射回传感器。湿气开始在玻璃上积聚时,风窗玻璃反射光线的能力将立即发生变化。这将使红外光束穿透风窗玻璃,从而减少了反射的光线。反射的光线越少,表示风窗玻璃表面上的湿气越重。雨量传感器利用反射光线的所有变化作为判断雨量的依据。风窗玻璃刮水器将会根据这些变化增加或减少刮水次数。

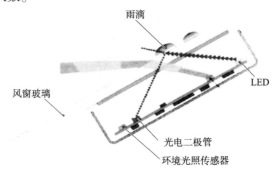

图7-59 雨量传感器

2. 车速感应刮水器

一些车辆具有车速感应刮水器。它们可以根据车速来改变刮水速度或刮水间隔。这些系统通常由车身控制模块根据来自车速传感器的输入信号进行控制。

 学习小结

（1）电动刮水系统的作用是除去风窗玻璃上的水、雪及沙尘,保证在不良天气时驾驶人仍具有良好的视线。
（2）电动刮水系统由直流电动机、刮水器传动机构和刮水片等组成。
（3）刮水电动机有绕线式和永磁式两种。
（4）齿条传动刮水器,这种刮水器与一般拉杆传动式刮水器相比,具有体积小、噪声低等优点。
（5）风窗玻璃洗涤装置的作用是在需要时向风窗玻璃喷水。

 自我评估

1. 填空题
（1）电动刮水系统由_____、刮水器传动机构和_____组成。
（2）一些刮水系统具有两个运转方向_____的刮水电动机,因此可使刮水片摆动。
（3）洗涤泵安装在洗涤_____上。
（4）风窗洗涤器主要由储液箱、_____、软管和喷嘴等组成。

2. 判断题
（1）永磁式刮水电动机是通过改变正、负电刷之间串联线圈的个数实现变速的。（　　）
（2）起动刮水器时,玻璃洗涤装置也会同时一起工作。（　　）
（3）刮水电动机一般是双向永磁式电动机。（　　）

3. 选择题
（1）刮水和洗涤分别控制的汽车,喷水停止后,刮水器应继续刮动（　　）次,以便达到良好的清洁效果。

A. 1~3　　　　　　B. 3~5　　　　　　C. 5~7

(2) 别克威朗轿车的刮水臂螺母,规定的紧固力矩为(　　)N·m。

A. 23　　　　　　B. 25　　　　　　C. 27

评价与反馈

1. 任务实施考核成绩评定(表7-8)

电动刮水电动机更换考核表　　　　表7-8

考核项目及分值	考核内容及分值	评分标准	评分记录
准备工作 10分	清洁工具及其工作台	(1)未清洁工具,一件扣1分; (2)未清洁工作台,扣5分	
刮水电动机拆卸 40分	(1)记录车辆信息; (2)安装前格栅布和翼子板布; (3)拆卸刮水臂; (4)拆卸发动机舱后挡风雨条; (5)拆卸刮水器传动机构; (6)拆卸刮水电动机	(1)车辆信息记录错误,一次扣3分; (2)未安装翼子板布和前格栅布,一件扣5分; (3)拆卸顺序错误,一次扣5分; (4)操作方法错误,一次扣5分; (5)工具操作不当,一次扣2分; (6)工具、零件掉地,一次扣5分	
刮水电动机安装 40分	(1)安装刮水电动机; (2)安装刮水器传动机构; (3)安装发动机舱后挡风雨条; (4)安装刮水臂	(1)扭力扳手使用错误,一次扣2分; (2)拧紧力矩错误,每次扣3分; (3)安装顺序错误,一次扣5分; (4)操作方法错误,一次扣5分; (5)工具、零件掉地,一次扣5分	
收尾工作 10分	(1)清洁工具、工作台; (2)工、量具应摆放整齐	(1)未清洁,一次扣1分; (2)未摆放整齐,一次扣1分	
考核时限	完成全部考核内容规定用时为30min	(1)超时每分钟扣5分; (2)超时5min即停止记分	

2. 任务过程评价与反馈(表7-9和表7-10)

任务过程评价表(教师填写)　　　　表7-9

考核项目	评分标准	分数	成绩	过程评价
劳动纪律	有无迟到、早退和旷工	5		
团队合作	是否和谐	5		
活动参与	是否精彩	5		
安全生产	有无安全隐患	10		
操作过程	是否正确、熟练	30		
任务质量	是否圆满完成	10		
工具、设备使用	是否规范、标准	10		
工作页填写	是否完整、规范	15		
现场5S	是否做到	10		
总分		100		

注:没有按照操作流程操作,出现人身伤害或设备严重事故,本任务考核结果为0分。

任务过程反馈表（学生填写） 表7-10

反馈内容	回答
你是否完成本学习任务,并得到老师的确认?	
你是否能准确有效地收集、分析和组织完成资料,正确地交流信息?	
你是否已经掌握预期的知识和必备的技能?	
你是否充分使用学习资源和按计划有组织地完成目标?	
操作完成水平: 上述表格中的项目应为肯定回答。若不是,应咨询老师。你可以要求附加相关活动,以便完成相关的操作技能。 教师签字:_____ 学生签字:_____ 完成日期:_____	

子任务3　汽车电动车窗结构与拆装

学习目标

1. 知识目标:(1)能够描述电动车窗的作用及组成;
　　　　　(2)知道汽车电动车窗和玻璃升降器的构造;
　　　　　(3)明白汽车电动车窗和玻璃升降器的拆卸方法。
2. 技能目标:能够正确使用工具对玻璃升降器进行拆装。
3. 职业素质目标:(1)培养学生安全操作意识;
　　　　　　　(2)培养学生按照5S标准进行实践;
　　　　　　　(3)培养学生团队协作和沟通能力。

任务描述

一辆别克君威轿车的驾驶侧车窗玻璃不能升降了,检测发现是车窗电动机损坏,现在需更换车窗电动机,你能顺利完成车窗电动机的拆换工作吗?

基础知识

一、汽车电动车窗的作用

为了使驾驶人更加集中精力驾驶车辆,方便驾驶人及乘客的操作,许多轿车采用了电动车窗。驾驶人和乘客只需操纵车窗升降开关,就可以使汽车门窗玻璃自动上升或者下降。电动车窗系统还有以下功能:

(1)手动开/关的功能:当电动车窗开关被推或拉到一半时,窗户打开或关闭直至开关被松开。

(2)单触式自动开/关功能:当电动车窗开关被推或拉到底时,窗户全开或全关。

(3)车窗锁止功能:当车窗锁止开关打开时,除驾驶人车窗,所有车窗打开和关闭功能失效。

二、电动车窗的结构

电动车窗主要由车窗玻璃(图7-60)、车窗玻璃升降器、电动机和控制开关(图7-61)等组成。车窗电动机、控制开关及车窗继电器在车上的布置如图7-62所示。

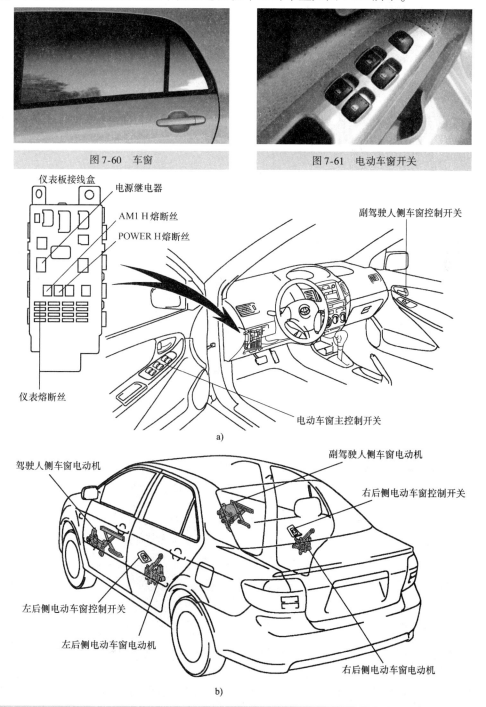

图7-60 车窗

图7-61 电动车窗开关

图7-62 电动车窗部件在车上的布置

电动车窗上的电动机是双向的,有永磁式的,也有双绕组串励式的。每个车门各有一个电动机,通过开关控制电动机中的电流方向从而控制玻璃的升降。控制开关一般有两套,一套为总开关,装在仪表板或驾驶人侧的车门上,如图 7-61 所示,这样驾驶人就可以控制每个车窗玻璃的升降。另一套为分开关,分别安装在每个车窗上,这样乘客也可以对各个车窗进行升降控制,如图 7-63 所示。

常见的电动车窗升降机构有绳轮式、交臂式和软轴式等几种,其中图 7-63 所示为交臂式的升降机构,图 7-64、图 7-65 所示分别为绳轮式和软轴式的升降机构,其中绳轮式和交臂式电动车窗升降机构使用较为广泛。

图 7-63 交臂式升降机构

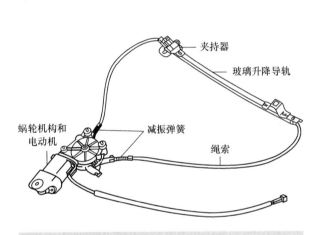

图 7-64 绳轮式电动车窗的基本结构

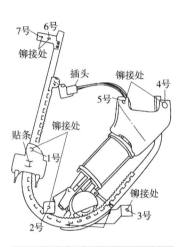

图 7-65 软轴式玻璃升降机构

三、电动车窗的其他功能

1. 一键式升降

一些车辆配备了"一键式"车窗装置。通过按住车窗开关持续 0.3s 以上,然后松开,这种装置即可完全打开车窗。在任何时候按下该开关,车窗都可以停止移动。一键式车窗选装件依赖于电子模块和继电器。发出指令时,控制模块将会激活继电器,从而为电动机形成完整的电路。车窗完全降低时,该模块将会打开继电器,从而停止电动机。此外,在按下 DOWN 开关后,电动机还将停止 10~30s。

一键式车窗电路是车身控制的一部分,如果蓄电池断开、熔断丝熔断或更换部件,则将暂时禁用。如果出现此情况,则需要重新初始化系统。按照厂家规定的程序执行初始化。

2. 防夹功能

如果中途有任何阻碍,如手指,则该装置将阻止车窗关闭。在一些汽车车窗系统上,如果车窗上升过程中遇到任何物体,则车窗将会反向操作并下降。

基本技能

电动车窗拆装的准备工作及实施步骤如下。

1. 准备工作

(1) 防护装备:工作服、工作帽、手套、劳保鞋等。

(2) 车辆:整车、台架、总成等。

(3) 手工工具:拆装工具一套。

(4) 辅料材料:工作台、翼子板布和前格栅布、防护三件套、抹布、手套、白板笔等。

(5) 在表 7-11 中填写本任务中要使用的主要工具,如图 7-66 所示。

工、量具名称及型号   表 7-11

名　　称	型　　号

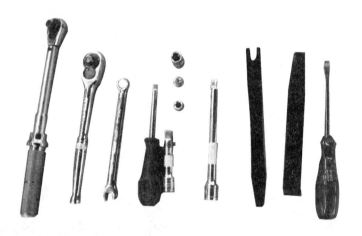

图 7-66　拆装电动车窗电动机主要工具

2. 实施步骤

1) 电动车窗及传动机构的拆卸(本次拆装使用的车辆是别克威朗)

(1) 车辆信息登记(表 7-12)。

车辆信息登记   表 7-12

车辆信息	车辆识别代码	
	发动机型号	

(2) 将车窗玻璃调整至一半的位置,如图 7-67 所示。

(3) 断开蓄电池负极,如图 7-68 所示。

图 7-67　调整车窗玻璃位置　　　　　　图 7-68　断开蓄电池负极

(4) 用平刃塑料工具拆下前侧门装饰板固定螺栓盖,如图 7-69 所示。

(5) 拆下前侧门装饰板固定螺栓,如图 7-70 所示。

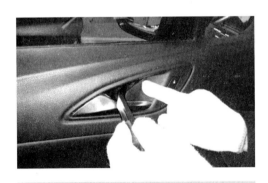 

图 7-69　拆装饰板螺栓盖　　　　　　图 7-70　拆装饰板螺栓

(6) 用平刃塑料工具拆下前侧门装饰板内外卡夹,如图 7-71 所示。

 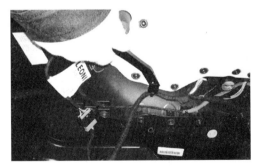

a)　　　　　　　　　　　　　　b)

图 7-71　拆前侧门装饰板卡夹

(7) 向上拉动门锁固定件拉线以便分离,如图 7-72 所示。

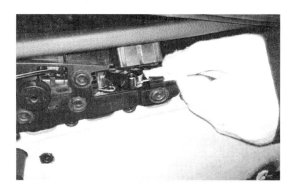

图7-72　分离门锁固定拉线

（8）断开前侧门装饰板上附件开关总成电气连接和装饰板线束连接，如图7-73所示。

 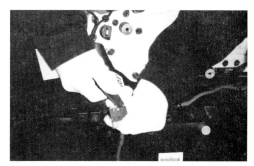

a）附件开关总成电气连接　　　　　　　b）装饰板线束连接

图7-73　断开前侧门装饰板线束连接器

（9）取下前侧门装饰板，如图7-74所示。

图7-74　前侧门装饰板

（10）用平刃塑料工具拆下前侧门车窗装饰条，如图7-75所示。

（11）拆前侧门挡水板，如图7-76所示。（将电气连接器和车门锁止拉线从车门上拆下时，将其穿过挡水板。注意：确保前侧门挡水板防漏）

图 7-75 前侧门装饰条

图 7-76 拆前侧门挡水板

(12)使用合适的冲头工具并推第一个车窗玻璃升降器窗框,将车窗向上拉以将其从窗框分离,如图 7-77 所示。

(13)将车窗举至足够高并使用合适的冲头工具推第二个车窗玻璃升降器窗框,将车窗向上拉以将其从窗框分离。

(14)必要时旋转前侧门车窗,将其从前侧门上拆下。

(15)断开车窗电动机电气连接,如图 7-78 所示。

图 7-77 将车窗从窗框分离

图 7-78 断开车窗电气连接

(16)拆前车窗升降器螺栓(5 颗),如图 7-79 所示。

a)   b)

图 7-79　拆车窗升降器螺栓

（17）取出车窗玻璃升降器，如图 7-80 所示。

图 7-80　玻璃升降器

（18）从前侧门玻璃升降器上拆下车窗电动机螺栓（3 颗），取下车窗电动机，如图 7-81 所示。

2）车窗电动机及传动机构的安装

（1）将车窗电动机安装到玻璃升降器上，按规定力矩拧好螺栓，如图 7-82 所示。

（2）安装玻璃升降器，按规定力矩拧紧玻璃升降器螺栓，如图 7-83 所示。

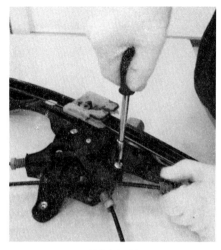
a) 拆车窗电动机

b) 车窗电动机

图 7-81 拆车窗电动机

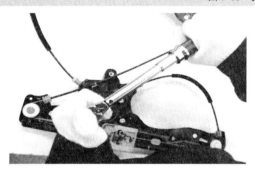
图 7-82 安装车窗电动机

图 7-83 紧固车窗玻璃升降器螺栓

(3) 连接车窗电动机电气连接,如图 7-84 所示。

(4) 安装车窗玻璃,如图 7-85 所示。

图 7-84 车窗电动机电气连接

图 7-85 安装车窗玻璃

(5) 安装挡水板，如图 7-86 所示。

(6) 安装前侧门车窗装饰条，如图 7-87 所示。

图 7-86　安装挡水板　　　　　图 7-87　车窗装饰条

(7) 将前侧门装饰板的附件开关总成电气连接和装饰板线束连接好，如图 7-88 所示。

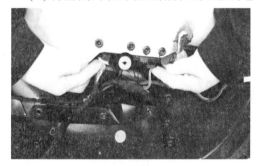
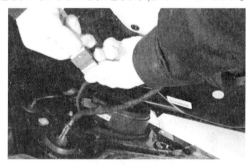

a) 连接附件开关总成电气连接　　　　　b) 连接装饰板线束

图 7-88　连接附件开关和线束

(8) 安装门锁固定拉线，如图 7-89 所示。

图 7-89　安装门锁固定拉线

(9) 将前侧门装饰板线束装回固定卡夹。

(10) 安装前侧门装饰板,如图 7-90 所示。

(11) 安装前侧门装饰板螺栓,如图 7-91 所示。

图 7-90　安装装饰板

图 7-91　紧固装饰板螺栓

(12) 安装前侧门装饰板螺栓盖。

(13) 连接蓄电池负极。

(14) 打开点火开关至 Acc 挡,将车窗开关分别置于上升或下降位置,检测车窗电动机安装是否正确。

(15) 安装完毕后整理、清理工量具,做好场地和车辆的清洁卫生。

学习拓展

汽车后视镜好像人的"第三只眼睛",扩大了驾驶人的视野范围,如图 7-92 所示。汽车后视镜,分为车外和车内两种。车外后视镜其功用主要是让驾驶人观察汽车后方的行人、车辆以及其他障碍物的情况,确保行车或倒车安全。车内后视镜主要供驾驶人观察和注视车内乘员、物品以及车后路面的情况。当车辆夜间行驶时,车内后视镜还具有防止后随车辆前照灯光线所引起的眩目功能。

图 7-92　车外后视镜映像

汽车上的后视镜位置直接关系到驾驶人能否观察到车后的情况,与行车的安全性有着密切联系。后视镜的调整有两种,一种采用手动调整,另一种采用电动后视镜。若采用手动调整,乘客车门一侧的后视镜驾驶人调整则比较困难,但采用电动调整则能很好解决这个问题,操作起来也十分方便。

电动后视镜的组成及结构如下。

汽车的电动后视镜一般由镜片、驱动电动机、控制电路及操纵开关等组成。在每个后视镜镜片的背后都有两个可逆电动机,可操纵其上下及左右运动。通常垂直方向的倾斜运动由一个永磁电动机控制,水平方向的倾斜运动由另一个永磁电动机控制。通过改变电动机的电流方向,即可完成后视镜的位置调整,但一个后视镜的两个电动机不能同时运行。后视镜控制开关位于主驾驶室门把手附近,如图 7-93 所示。车外后视镜的结构和典型开关如图 7-94 所示。图 7-95 所示是后视镜电动机。

图 7-93 电动后视镜开关

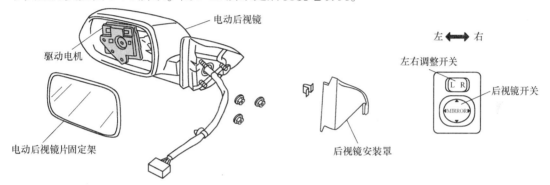

图 7-94 电动后视镜的结构和控制开关示意图

图 7-95 后视镜电动机

许多新车都配备了电镀铬车外后视镜。这些后视镜根据照射到后视镜表面上的光线强度来自动调节反射率。这些后视镜使用光敏元件来感应光线。眩光特别强时,后视镜将充分变暗(反射率降至 6%)。眩光适中时,后视镜会将反射率调节至 20%~30%。眩光减弱后,后视镜将切换为清晰的日间状态。

有的电动后视镜还带有伸缩功能,由伸缩开关控制伸缩电动机工作,使两个后视镜整体回转伸出或缩回。除此之外有些后视镜还带有加热功能,当点火开关接通并且后视镜加热器打开时,后视镜被加热。可以使后视镜在寒冷的季节不结霜、不起雾,保持良好的后视线,从而提高行车安全性。

 学习小结

(1)一般电动车窗具有手动开/关的功能;单触式自动开/关功能;车窗锁止功能。
(2)电动车窗主要由车窗玻璃、车窗玻璃升降器、电动机和控制开关组成。

(3) 电动车窗上的电动机是双向的,有永磁式的,也有双绕组串励式的。

(4) 控制开关一般有两套,一套为总开关,装在仪表板或驾驶人侧的车门上。另一套为分开关,分别安装在每个车窗上。

(5) 常见的电动车窗升降机构有绳轮式、交臂式和软轴式等几种。

(6) 汽车的电动后视镜一般由镜片、驱动电动机、控制电路及操纵开关等组成。

(7) 别克威朗的电动车窗拆装流程。

自我评估

1. 填空题

(1) 电动车窗主要由_____、_____、电动机和控制开关等组成。

(2) 常见的电动车窗升降机构有_____、交臂式和_____等几种。

(3) 车外电动后视镜一般由_____、_____及_____组成。

2. 判断题

(1) 别克君威车窗玻璃升降器采用的是绳轮式。（   ）

(2) 叉臂式升降器升降时噪声比绳轮式小。（   ）

(3) 玻璃升降器的动力来源于升降器电动机。（   ）

(4) 电动车窗一般装有两套开关,分别为总开关和分开关,这两套开关之间是互相独立的。（   ）

3. 选择题

(1) 电动车窗中的电动机一般为(   )。
　　A. 单向直流电动机　　　B. 双向交流电动机　　　C. 永磁双向直流电动机

(2) 车窗玻璃升降器按结构分为(   )。（多选）
　　A. 绳轮式　　　B. 软轴式　　　C. 叉臂式　　　D. 手摇式

评价与反馈

1. 任务实施考核成绩评定（表7-13）

电动车窗电动机更换考核表　　　　　　　　　　　　　　　表7-13

考核项目及分值	考核内容及分值	评分标准	评分记录
准备工作 10分	清洁工具及其工作台	(1) 未清洁工具,一件扣1分; (2) 未清洁工作台,扣5分	
电动车窗拆卸 40分	(1) 记录车辆信息; (2) 拆卸车门装饰板; (3) 拆卸车门挡水板; (4) 拆卸车窗玻璃传动机构; (5) 拆卸车窗玻璃电动机	(1) 车辆信息记录错误,一次扣3分; (2) 拆卸顺序错误,一次扣5分; (3) 操作方法错误,一次扣5分; (4) 工具操作不当,一次扣2分; (5) 工具、零件掉地,一次扣5分	

续上表

考核项目及分值	考核内容及分值	评分标准	评分记录
电动车窗安装 40分	(1)安装车窗玻璃电动机； (2)安装车窗玻璃传动机构； (3)安装车门挡水板； (4)安装车门装饰板	(1)扭力扳手使用错误,一次扣2分； (2)拧紧力矩错误,每次扣5分； (3)操作方法错误,一次扣5分； (4)安装顺序错误,一次扣5分； (5)工具、零件掉地,一次扣5分	
收尾工作 10分	(1)清洁工具、工作台； (2)工、量具应摆放整齐	(1)未清洁,一次扣1分； (2)未摆放整齐,一次扣1分	
考核时限	完成全部考核内容规定用时为30min	(1)超时每分钟扣5分； (2)超时5min即停止记分	

2. 任务过程评价与反馈（表7-14和表7-15）

任务过程评价表（教师填写）　　　　　　　　　表7-14

考核项目	评分标准	分数	成绩	过程评价
劳动纪律	有无迟到、早退和旷工	5		
团队合作	是否和谐	5		
活动参与	是否精彩	5		
安全生产	有无安全隐患	10		
操作过程	是否正确、熟练	30		
任务质量	是否圆满完成	10		
工具、设备使用	是否规范、标准	10		
工作页填写	是否完整、规范	15		
现场5S	是否做到	10		
总分		100		

注：没有按照操作流程操作,出现人身伤害或设备严重事故,本任务考核结果为0分。

任务过程反馈表（学生填写）　　　　　　　　　表7-15

反馈内容	回答
你是否完成本学习任务,并得到老师的确认?	
你是否能准确有效地收集、分析和组织完成资料,正确地交流信息?	
你是否已经掌握预期的知识和必备的技能?	
你是否充分使用学习资源和按计划有组织地完成目标?	
操作完成水平： 上述表格中的项目应为肯定回答。若不是,应咨询老师。你可以要求附加相关活动,以便完成相关的操作技能。 教师签字：_____ 学生签字：_____ 完成日期：_____	

学习任务八 汽车空调系统结构与拆装

学习目标

1. 知识目标:(1)知道汽车空调系统元件组成结构;
　　　　　(2)知道各组成元件的不同结构形式及功能;
2. 技能目标:能够正确使用工具更换空调压缩机。
3. 职业素质目标:(1)培养学生安全操作意识;
　　　　　　　(2)培养学生按照5S标准进行实践;
　　　　　　　(3)培养学生团队协作和沟通能力。

任务描述

一位顾客反映其通用威朗轿车,汽车空调出现制冷不足的故障,维修人员检查空调系统的电路正常,初步判断是空调元件出现故障。需对空调系统元件进行拆装检查,确定故障部位,并进行修复。

基础知识

一、汽车空调系统的组成及作用

1. 汽车空调系统组成

汽车空调系统由五大系统组成:制冷系统、采暖系统、通风系统、空气净化系统、电子控制系统,其主要元件如图8-1所示。

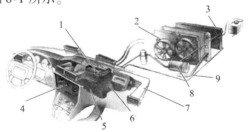

图8-1　汽车空调系统主要元件
1-蒸发器芯体;2-冷却风扇;3-冷凝器;4-控制面板;5-暖风热交换器;6-空调箱总成;7-空调风道;8-压缩机;9-空调管路

2. 汽车空调系统的主要功能

现代汽车空调有四种功能,其中任何一种功能都是为了使乘客感到舒适。

（1）调节车内温度：空调器能控制车厢内的温度,既能加热空气,也能冷却空气,以便把车厢内温度控制到舒适的水平。

（2）调节车内湿度：空调器能够排出空气中的湿气,干燥空气吸收人体汗液,以营造更舒适的环境。

（3）通风功能：空调器可吸入新风,具有通风功能。

（4）过滤净化空气：空调器可过滤空气,排除空气中的灰尘和花粉。

3. 汽车空调制冷系统的组成

在本任务中,主要讲解空调制冷系统,主要由压缩机、冷凝器、储液干燥器、膨胀阀、蒸发器、风机、制冷管道及控制装置等组成,如图8-2所示。

制冷系统的作用是将车内的热量通过制冷剂在循环系统中循环转移到车外,实现车内降温,其工作情况如图8-3所示。制冷系统主要包括制冷循环系统和控制系统等部分,在这里主要介绍制冷循环部分。

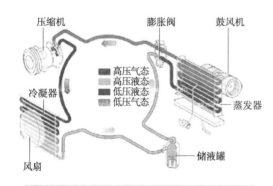

图8-2 制冷循环系统组成

图8-3 压缩机

二、汽车空调制冷循环系统元件认识

1. 汽车空调压缩机作用及类型

制冷压缩机是汽车空调制冷系统的心脏,其作用是维持制冷剂在制冷系统中的循环,吸入来自蒸发器的低温、低压制冷剂蒸气,压缩制冷剂蒸气使其压力和温度升高,并将制冷剂蒸气送往冷凝器。

汽车空调的压缩机(图8-3所示)按其结构不同可分为往复型和旋转型。往复型有曲轴式、旋转斜盘式和摆动斜盘式等;旋转型有涡旋式和叶片式等。按其排量是否可变又分为定排量和变排量。现在,为了满足节能及舒适的需求,汽车空调多采用可变排量压缩机。

2. 空调压缩机的结构及工作过程

（1）旋转斜盘式压缩机的结构及工作过程。

旋转斜盘式压缩机的结构如图8-4所示,这种压缩机通常在机体圆周方向上布置有6个或10个汽缸,每个汽缸中安装一个双向活塞形成6缸机或10缸机,每个汽缸两头都有进气阀和排气阀。活塞由斜盘驱动在汽缸中往复运动，活塞的一侧压缩时，另一侧则为进气。压缩机轴旋转时，轴上的斜盘同时驱动所有的活塞运动，部分活塞向左运动，部分活塞向右运动。图中的活塞在向左运动中，活塞左侧的空间缩小，制冷剂被压缩，压力升高，打开排气阀，向外排出，与此同时，活塞右侧空间增大，压力减小，进气阀开启，制冷剂进入汽缸。由于进、排气阀均为单向阀结构，所以保证制冷剂不会倒流。

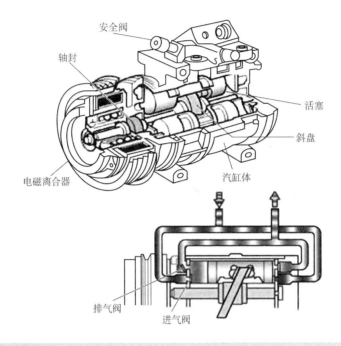

图8-4 旋转斜盘式压缩机的结构

（2）涡旋式压缩机的结构及工作过程。

涡旋式压缩机的结构如图8-5所示，主要由固定涡旋盘、动涡旋盘、机架、连接器和曲轴等组成。其工作过程如图8-6所示，当月牙形容积中的制冷剂蒸汽被压缩排挤至旋涡中心时与设在涡旋圈中心的排气口相通，被压缩后的制冷剂从此处排出。在压缩的同时，动圈与定圈的外周又形成吸气容积，再回旋，再压缩，如此周而复始完成吸气、压缩、排气工作过程。

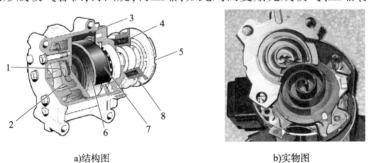

a)结构图　　　　　　　　　　　　b)实物图

图8-5 涡旋式压缩机的结构
1-排气阀门；2-排气压力区域；3-吸气压力区域；4-绕线磁场；5-离合器前压力盘；6-动子；7-定子；8-离合器转子

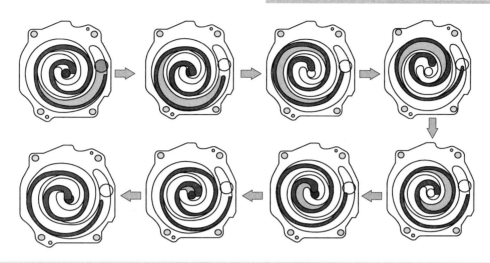

图 8-6 涡旋式压缩机的工作过程

（3）摇板式变排量压缩机的结构及工作过程。

摇板式变排量压缩机的结构与旋转斜盘式压缩机类似，通过斜盘驱动周向分布的活塞，只是将双向活塞变为单向活塞，并可通过改变斜盘的角度改变活塞的行程，从而改变压缩机的排量。压缩机旋转时，压缩机轴驱动与其连接的凸缘盘，凸缘盘上的导向销钉再带动斜盘转动，斜盘最后驱动活塞往复运动。

摇板式变排量压缩机的工作过程：压缩制冷剂的工作过程此处不再重复，这里主要介绍一下变排量的原理，如图 8-7 所示，这种压缩机可以根据制冷负荷的大小改变排量，制冷负荷减小时，可以使斜盘的角度减小，减小活塞的行程，使排量降低。负荷增大时则相反。下面以负荷减小为例来说明压缩机排量如何减小，制冷负荷的减小会使压缩机低压腔压力降低，低压腔压力降低可使波纹管膨胀而打开控制阀，高压腔的制冷剂便会通过控制阀进入斜盘腔，使斜盘腔的压力升高。

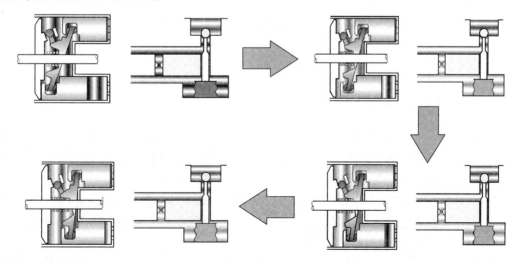

图 8-7 摇板式压缩机变排量的工作过程

3. 空调压缩机安装位置及驱动方式

压缩机安装在发动机上,发动机的动力通过皮带传递到压缩机,带动压缩机转动。空调压缩机安装位置及驱动形式如图8-8和图8-9所示。

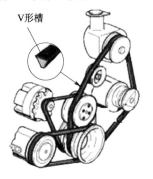
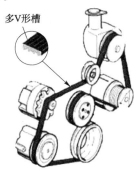

图8-8　双皮带轮驱动　　　　图8-9　蛇形皮带轮驱动

4. 空调压缩机电磁离合器的作用及工作过程

电磁离合器安装在压缩机上,其作用是控制发动机与压缩机的动力传递,空调制冷系统工作时,使发动机能驱动压缩机运转,制冷系统停止运行时,切断发动机到压缩机的动力传递。

电磁离合器的结构如图8-10所示,主要包括压力板、皮带轮和定子线圈等主要部件,压力板与压缩机轴相连,皮带轮通过轴承安装在压缩机的壳体上,皮带轮通过皮带由发动机驱动,定子线圈也安装在压缩机的壳体上。

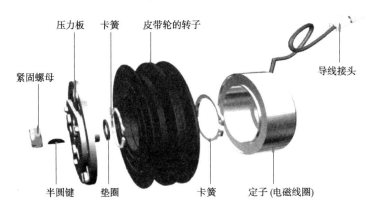

图8-10　电磁离合器结构

当接通空调开关使空调制冷系统进入工作状态时,电磁离合器的电磁线圈通电,线圈通电后产生磁力,将压力板吸向皮带轮,使两者结合在一起,发动机的动力便通过皮带轮传递到压力板,带动压缩机运转,如图8-11a)所示。

当空调制冷系统停止工作时,电磁离合器的定子线圈断电,磁力消失,压力板与皮带轮分离,此时皮带轮通过轴承在压缩机的壳体上空转,压缩机停止运转,如图8-11b)所示。

5. 汽车空调冷凝器作用及结构形式

汽车空调制冷系统中的冷凝器是热交换设备,其作用是使从压缩机排出的高温、高压制冷剂蒸气在冷凝器中得到液化或冷凝,并把热量散发到车外空气中,从而使其凝结为高压制冷剂液体。冷凝器的结构有管带式(图8-12)和平行流式(图8-13)所示,主要由管路和散热片组成,有一个制冷剂的进口和一个出口。

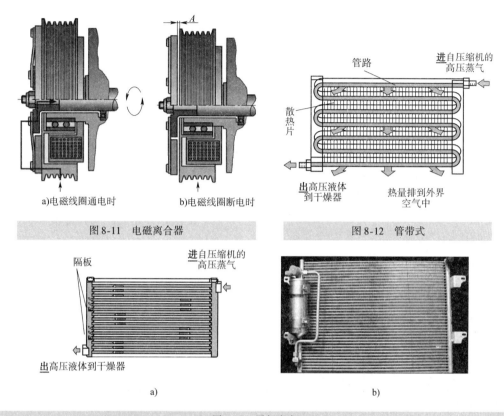

图8-11　电磁离合器

图8-12　管带式

图8-13　平行流式

6. 汽车空调蒸发器作用及结构形式

蒸发器和冷凝器一样,也是一种热交换器,也称冷却器,是制冷循环中获得冷气的直接器件。外形近似冷凝器,但比冷凝器窄、小、厚。它的作用是让低温、低压液态制冷剂在其管道中吸热并蒸发,使蒸发器和周围空气的温度降低,从而在鼓风机的风力通过它时,能输出更多的冷气。

蒸发器有管片式(图8-14)、管带式(图8-15)和层叠式(图8-16)三种结构。管片式结构简单、加工方便,但换热效率较差。管带式比管片式工艺复杂,效率可提高10%左右。层叠式加工难度最大,但其换热效率也最高,结构也最紧凑。

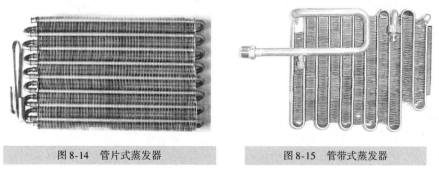

图8-14　管片式蒸发器

图8-15　管带式蒸发器

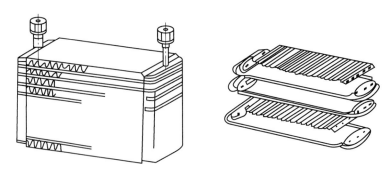

图 8-16　层叠式蒸发器

7. 汽车空调膨胀阀作用及结构形式

膨胀阀也称节流阀,它是一种感压和感温阀,是汽车空调制冷系统中的一个主要部件。目前膨胀阀主要有内平衡热力膨胀阀、外平衡热力膨胀阀、H 型膨胀阀、膨胀节流管(孔管)四种结构形式,目前一般汽车上使用 H 型膨胀阀,本任务中主要介绍 H 型膨胀阀和膨胀节流管。

(1)H 型膨胀阀。

H 型膨胀阀因其内部通道形同 H 形而得名,它有四个接口通往空调系统,其中两个接口,一个接干燥过滤器出口,一个接蒸发器入口。另外两个接口,一个接蒸发器出口,一个接压缩机进口,如图 8-17 所示。感温元件处在进入压缩机的制冷剂气流中。H 型膨胀阀具有结构紧凑、使用可靠、维修简单等优点,符合汽车空调的要求。

(2)膨胀节流管(孔管)。

膨胀节流管的结构如图 8-18 所示,它直接安装在冷凝器出口和蒸发器进口之间,用于将液态制冷剂节流降压。由于不能调节流量,液体制冷剂很可能流出蒸发器而进入压缩机,造成压缩机液击。所以装有膨胀节流管的系统,必须同时在蒸发器出口和压缩机进口之间,安装一个集液器,实行气液分离,避免压缩机发生液击。

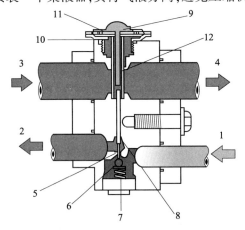

图 8-17　H 型膨胀阀
1-自过滤干燥器;2-到蒸发器;3-自蒸发器;4-到压缩机;5-测量孔;6-球;7-弹簧;8-活动脚;9-制冷剂;10-薄膜下压力补偿;11-金属薄膜;12-感温元件

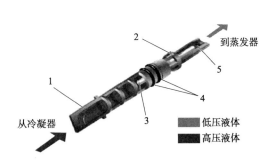

图 8-18　膨胀节流管
1-从入口细栅过滤;2-制冷剂流方向指示;3-固定小直径青铜管;4-O 形圈;5-出口细栅过滤

8. 其他元件的作用及结构形式

(1) 集液器。

集液器是膨胀节流管空调系统的重要部件。用膨胀节流管代替膨胀阀时,汽车空调制冷系统要在低压侧安装集液器。集液器是一种特殊形式的储液干燥器,其结构如图8-19所示。

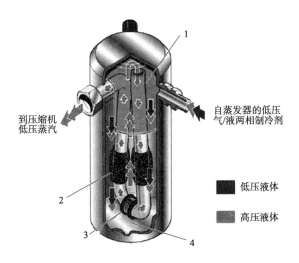

图 8-19　集液器结构
1-蒸汽导管;2-干燥剂;3-过滤器(吸油口);4-液体

(2) 软管。由于分子比较小,软管(如图8-20)能承受 R134a 的高压,现在的软管有一层尼龙材料混合成的内衬,其可以减少因橡胶软管多孔而造成的制冷剂泄漏。许多R134a 的系统的软管外管直径较小,内壁也较薄,所以软管较柔软,可以降低系统的振动和噪声。

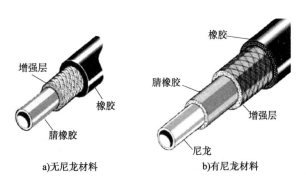

图 8-20　软管

(3) 鼓风机。

鼓风机由可调节速度的直流电动机和鼠笼式风扇组成,其作用是将空气吹过加热器芯加热后送入车内。调节电动机的速度,可以调节向车厢内的送风量。鼓风机的结构如图8-21所示。

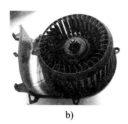

鼠笼式风扇
铁氧体电动机
a) b)

图 8-21 鼓风机

基本技能

完成空调压缩机的拆装。

1. 准备工作

(1) 防护装备：工作服、工作帽、手套、劳保鞋等。

(2) 车辆：整车、台架、总成等。

(3) 手工工具：拆装工具一套。

(4) 辅料材料：工作台、翼子板布和前格栅布、三件套、抹布、手套、白板笔等。

(5) 在表 8-1 中填写本任务所需要使用的工，工具摆放如图 8-22 所示。

工、量具名称及型号　　表 8-1

名　　称	型　　号

图 8-22 更换空调压缩机所用主要工具

2. 实施步骤

1) 空调压缩机的拆卸

(1) 车辆信息登记 (表 8-2)。

车辆信息登记　　表 8-2

车辆信息	车辆识别代码	
	发动机型号	

(2) 安装五件套 (座椅套、转向盘套、转向盘套、地板垫、换挡杆套)，如图 8-23 所示。

小提示

打开车门时,打开车门的手不能拿有硬物,以免刮花车身漆面。

(3)释放发动机舱盖释放杆。

(4)打开发动机舱盖,用支撑杆顶起发动机舱盖。

(5)安装翼子板布和前格栅布,如图8-24所示。

图8-23 安装防护五件套

图8-24 安装翼子板布和前格栅布

 小提示

在安装翼子板布和格栅布时,注意不要将磁铁放在灯罩之类的非磁性物质上面,以防止其掉落。

(6)操作空调制冷剂回收设备进行制冷剂回收,如图8-25所示。

注意:在拆卸压缩机前要将制冷剂排空。

(7)断开蓄电池负极电缆。

(8)安装举升垫块。

(9)举升车辆到所需位置,如图8-26所示。

图8-25 空调制冷剂回收

图8-26 举升车辆到所需位置

(10)前舱防溅罩拆除,如图8-27所示。

(11)右前轮罩衬板拆除,如图8-28所示。

图 8-27 拆除前舱防溅罩

图 8-28 拆除右前轮罩衬板

（12）利用工具逆时针方向拧松传动皮带张紧器并保持张力，如图 8-29 所示。

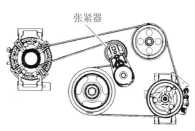

图 8-29 拧松传动皮带张紧器

（13）拆除传动皮带，如图 8-30 所示。

（14）缓慢释放传动皮带张紧器的张力。

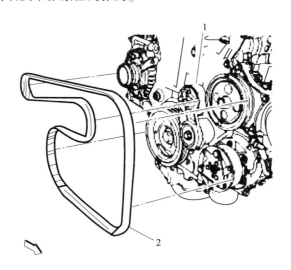

图 8-30 拆除传动皮带
1-张紧器；2-传动皮带

(15)断开空调压缩机线速连接器,如图8-31所示。

图8-31 断开空调压缩机线速连接器

(16)拆卸压缩机上高、低压空调管接头,如图8-32、图8-33所示。

图8-32 拆卸螺栓　　　　　　　　　图8-33 拆卸高、低压管接头

(17)拆卸压缩机固定螺栓,取下压缩机,如图8-34、图8-35所示。
注意:双头螺栓需要保持在孔内,以从发动机舱上拆下压缩机。

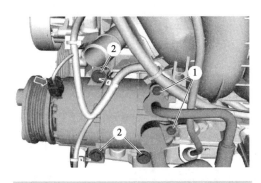

图8-34 固定螺栓位置
1-空调压缩机软管螺栓;2-空调压缩机螺栓　　　　图8-35 拆卸压缩机固定螺栓

(18)检查空调压缩机外观情况,如图8-36所示。

2)空调压缩机的安装

空调压缩机安装顺序按照拆卸的相反顺序进行完成。下面介绍一些注意的步骤。

(1)安装空调压缩机,拧紧压缩机固定螺栓,拧紧力矩为22N·m,拧紧空调压缩机双头螺栓紧固拧紧力矩为8N·m,如图8-37所示。

图8-36 检查空调压缩机外观情况

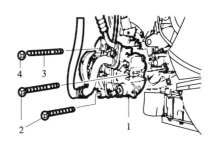

图8-37 空调压缩机螺栓位置
1-空调压缩机;2-空调压缩机螺栓;3-空调压缩机双头螺栓;4-空调压缩机螺母

(2)更换空调压缩机软管连接密封圈,如图8-38的3、4所示。连接压缩机上高、低压空调管接头,并拧紧空调压缩机软管螺栓力矩,拧紧力矩为19N·m。

(3)安装传动带,检查传动皮带的安装和定位是否正确,紧固传动皮带张紧器,拧紧紧力矩为58N·m,传动皮带张紧器位置如图8-39所示。

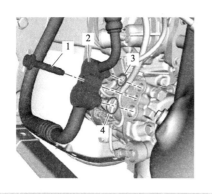

图8-38 空调压缩机软管连接密封圈
1-空调压缩机软管螺栓;2-空调压缩机软管;3、4-O形密封圈

图8-39 传动皮带张紧器位置
1-张紧器螺栓;2-张紧器

(4)操作空调制冷剂加注设备进行制冷剂加注。

(5)整理整顿工具设备。

(6)安装完毕后整理、清理工量具,做好场地和车辆的清洁卫生。

学习拓展

一、汽车空调系统的供暖系统是如何工作的？

供暖系统采用水暖式供热，它的热源就是发动机的冷却液。供暖系统主要由热交换器、冷却液管路及鼓风机、导风管、下风道及控制机构等组成，如图8-40所示。其结构特点是供暖暖风机组的壳体与蒸发器壳体连接成一体，鼓风机和风道等与制冷系统共用。

供暖系统工作原理如图8-41所示，发动机工作时，在发动机汽缸燃烧过程中被加热的高温冷却液，在发动机冷却系水泵的作用下，经进水管进入热交换器，通过鼓风机吹出的气体将冷却液散发出的热量送到车厢内或风窗玻璃，用以提高车厢内温度及除霜。在热交换器中进行了散热的冷却液经回水管被水泵抽回，如此循环，实现暖风供热。

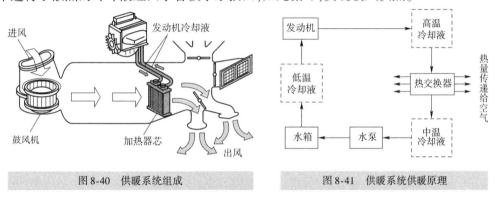

图8-40 供暖系统组成　　　　　　图8-41 供暖系统供暖原理

二、汽车空调系统的送风系统是如何工作的？空气净化系统有哪些控制方式？

1. 送风系统

送风系统主要是控制汽车内空气的循环、流向，并净化车内空气。驾驶人根据需要，使空气进行内循环或外循环，对车内空气进行置换，同时控制气流的流向，以达到制冷、加热及通风的功效。通风系统包括鼓风机、空气滤清器、进风口、风门、风道及出风口，如图8-42所示。

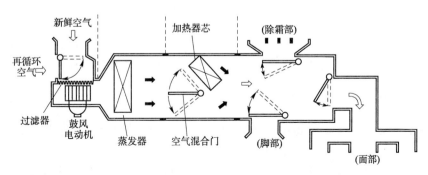

图8-42 送风系统组成

小提示

汽车空调一般有3种送风口,分别是头部送风口、脚部送风口和风窗玻璃除霜送风口。为满足"头凉足暖"的送风原则,各送风口的送风温度不相同。

2. 空气净化系统

汽车空调的空气净化包括车厢外空气净化和车厢内循环空气的净化。汽车空调的车厢内空气有内循环和外循环两种控制方式,如图8-43所示。空气净化系统的作用原理是在通风口处加装灰尘滤清器或活性炭过滤器,出去车内空气中的尘埃、臭味,如图8-44所示。

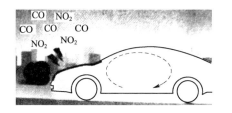
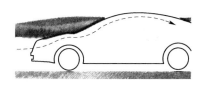

图8-43 空气的两种循环控制方式

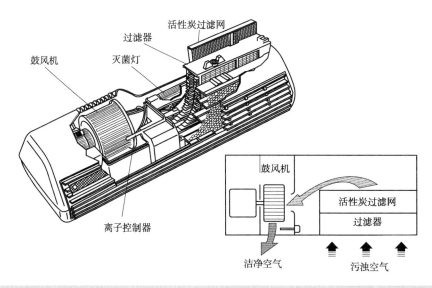

图8-44 空气净化组成

 学习小结

(1)汽车空调制冷系统由压缩机、冷凝器、储液干燥器、膨胀阀、蒸发器、风机及制冷管道等组成。

(2)制冷系统的作用是将车内的热量通过制冷剂在循环系统中循环转移到车外,实现车内降温,制冷系统主要包括制冷循环系统和控制系统等部分。

(3)汽车空调的压缩机分为往复型和旋转型。往复型有曲轴型、旋转斜盘型和摆动斜盘型,旋转型有蜗杆型和叶片型。

(4)电磁离合器安装在压缩机上,其作用是控制发动机与压缩机的动力传递,空调制冷系统工作时,使发动机能驱动压缩机运转,制冷系统停止运行时,切断发动机到压缩机的动力传递。

(5)汽车空调制冷系统中的冷凝器是热交换设备,其作用是使从压缩机排出的高温、高压制冷剂蒸气在冷凝器中得到液化或冷凝,并把热量散发到车外空气中,从而使其凝结为高压制冷剂液体。冷凝器的结构有管带式和平行流式。

(6)蒸发器有管片式、管带式和层叠式三种结构。

(7)膨胀阀也称节流阀,它是一种感压和感温阀,目前膨胀阀主要有内平衡热力膨胀阀、外平衡热力膨胀阀、H型膨胀阀、膨胀节流管(孔管)四种结构形式。

(8)集液器是一种特殊形式的储液干燥器。

(9)鼓风机由可调节速度的直流电动机和鼠笼式风扇组成,其作用是将空气吹过加热器芯加热后送入车内。

自我评估

1. 填空题

(1)汽车空调制冷系统由_____、冷凝器、_____、膨胀阀、_____、风机及制冷管道等组成。

(2)汽车空调制冷系统中的冷凝器是热交换设备,其结构有_____和_____。

(3)膨胀阀也称_____,它是一种感压和感温阀,目前膨胀阀主要有_____、外平衡热力膨胀阀、_____、_____四种结构形式。

(4)蒸发器有_____、_____和_____三种结构。

(5)鼓风机由可调节速度的_____和_____组成,其作用是将空气吹过加热器芯加热后送入车内。

2. 判断题

(1)汽车空调系统中,压力保护开关可控制电磁离合器的分离或接合。( )

(2)汽车空调制冷系统中干燥瓶和膨胀阀的作用是节流减压、过滤干燥。( )

(3)干燥瓶上一般有安装箭头标记,在安装时箭头连进液管,箭尾连出液管。( )

(4)膨胀阀和孔管的作用基本相同,但膨胀阀安装在高压侧,而孔管则在低压侧。
( )

3. 选择题

(1)膨胀阀的感温包紧贴在何处?( )

　　A. 蒸发器表面　　　　　　　　B. 蒸发器内部

　　C. 蒸发器入口管壁　　　　　　D. 蒸发器出口管壁上

(2)下列汽车空调部件中,不是热交换器的是( )。

　　A. 供暖水箱　　B. 冷凝器　　C. 蒸发器　　D. 鼓风机

(3)空调制冷系统中压缩机的作用是(　　)。
　　A.控制制冷剂流量　　　　　　　B.完成压缩过程
　　C.将制冷剂携带的热量散发至大气中　　D.控制蒸发
(4)汽车空调干燥瓶安装在(　　)。
　　A.低压管道上　　　　　　　　　B.低压或高压管道上
　　C.高压管道上　　　　　　　　　D.以上都不是

评价与反馈

1.任务实施考核成绩评定(表8-3)

汽车空调压缩机更换考核表　　　　表8-3

考核项目及分值	考核内容及分值	评分标准	评分记录
准备工作 10分	清洁工量具及其工作台	(1)未清洁工量具,扣1分; (2)未清洁工作台,扣1分	
空调压缩机 拆卸40分	(1)操作空调制冷剂回收设备进行制冷剂回收; (2)举升车辆; (3)拆卸前舱防溅罩和右前轮罩衬板; (4)拆卸传动皮带; (5)断开空调压缩机线速连接器; (6)拆卸压缩机上高、低压空调管接头; (7)拆卸空调压缩机	(1)操作方法错误,一次扣2分; (2)车辆信息记录错误,一次扣3分; (3)未安装五件套,一件扣2分; (4)未安装翼子板布和前格栅布,一件扣2分; (5)拆卸顺序错误,一次扣2分; (6)工具操作不当,一次扣2分; (7)工具、零件掉地,一次扣5分	
空调压缩机 安装40分	(1)安装空调压缩机; (2)连接压缩机上高、低压空调管接头; (3)安装传动带; (4)安装前舱防溅罩和右前轮罩衬板; (5)操作空调制冷剂加注设备进行制冷剂加注	(1)操作方法错误,一次扣2分; (2)扭力扳手使用错误,一次扣2分; (3)拧紧力矩错误,每次扣3分; (4)安装顺序错误,一次扣2分; (5)工具、零件掉地,一次扣5分	
收尾工作 10分	(1)清洁工具、量具、工作台; (2)工、量具应摆放整齐	(1)未清洁,一次扣1分; (2)未摆放整齐,一次扣1分	
考核时限	完成全部考核内容规定用时为20min	(1)超时每分钟扣5分; (2)超时5min即停止记分	

2. 任务过程评价与反馈（表8-4 和表8-5）

任务过程评价表（教师填写） 表8-4

考核项目	评分标准	分数	成绩	过程评价
劳动纪律	有无迟到、早退和旷工	5		
团队合作	是否和谐	5		
活动参与	是否精彩	5		
安全生产	有无安全隐患	10		
操作过程	是否正确、熟练	30		
任务质量	是否圆满完成	10		
工具、设备使用	是否规范、标准	10		
工作页填写	是否完整、规范	15		
现场5S	是否做到	10		
总分		100		

注：没有按照操作流程操作，出现人身伤害或设备严重事故，本任务考核结果为0分。

任务过程反馈表（学生填写） 表8-5

反馈内容	回答
你是否完成本学习任务，并得到老师的确认？	
你是否能准确有效地收集、分析和组织完成资料，正确地交流信息？	
你是否已经掌握预期的知识和必备的技能？	
你是否充分使用学习资源和按计划有组织的完成目标？	
操作完成水平： 上述表格中的项目应为肯定回答。若不是，应咨询老师。你可以要求附加相关活动，以便完成相关的操作技能。 　教师签字：_____ 　学生签字：_____ 　完成日期：_____	

参 考 文 献

[1] 许康,寒明香.汽车电气设备构造与拆装[M].北京:人民交通出版社,2013.
[2] 周建平.汽车电气设备构造与维修[M].北京:人民交通出版社,2010.
[3] 刘峰.汽车电控发动机构造与维修[M].北京:人民邮电出版社,2011.
[4] 王耀斌,苏建.汽车空调[M].北京:人民交通出版社,2010.
[5] 施明香.汽车空调[M].北京:机械工业出版社,2017.
[6] 雷小勇,袁永东,李朝东.汽车电气设备维修[M].北京:人民交通出版社,2011.
[7] 2016款通用别克威朗汽车维修手册.
[8] 李春明.汽车车身电子技术[M].北京:北京理工大学出版社,2003.